Rudolf Steiner

Grenzen der Naturerkenntnis und ihre Überwindung

Acht Vorträge, gehalten in Dornach
vom 27. September bis 3. Oktober 1920

RUDOLF STEINER VERLAG
DORNACH/SCHWEIZ

Nach vom Vortragenden nicht durchgesehenen Nachschriften,
herausgegeben von der Rudolf Steiner-Nachlaßverwaltung

Ungekürzte Ausgabe nach dem Band
der Rudolf Steiner Gesamtausgabe
«Grenzen der Naturerkenntnis»
herausgegeben von G.A. Balastèr und H. Huber
(Bibliographie-Nr. 322, ISBN 3-7274-3220-9)
5. Auflage, Dornach 1981

Taschenbuchausgabe
1.–6. Tsd. Dornach 1988

Bestell-Nr. tb 6660

Zeichen auf dem Umschlag und Titelblatt von Rudolf Steiner

Printed in Germany by Clausen & Bosse, Leck

ISBN 3-7274-6660-X

INHALT

ERSTER VORTRAG

Dornach, 27. September 1920

Das Thema dieses Vortragszyklus wurde gewählt nicht aus irgendeiner Tradition des philosophisch-akademischen Studiums, etwa aus dem Grunde, weil etwas Erkenntnistheoretisches oder dergleichen unter unseren Vorträgen vorkommen sollte, sondern es wurde gewählt aus einer, wie ich glaube, unbefangenen Beobachtung der Zeitbedürfnisse und Zeitforderungen. Wir brauchen für die nächste Entwickelung der Menschheit Begriffe, Vorstellungen, überhaupt Impulse des sozialen Lebens, wir brauchen Ideen, durch deren Verwirklichung wir soziale Zustände herbeiführen können, die den Menschen aller Stände, Klassen und so weiter ein ihnen menschenwürdig erscheinendes Dasein geben können. Wir sprechen ja heute auch schon in weitesten Kreisen davon, daß die soziale Erneuerung vom Geiste ausgehen müsse. Aber man stellt sich in diesen weitesten Kreisen nicht überall etwas Klares und Deutliches vor, wenn man so spricht. Man frägt sich nicht: Woher sollen die Vorstellungen, die Ideen kommen, durch die man eine Sozialökonomie begründen wollte, die dem Menschen ein menschenwürdiges Dasein bietet? Die Menschheit in ihrem gebildeten Teile ist ja seit den letzten drei bis vier Jahrhunderten, insbesondere aber seit dem 19. Jahrhundert in Vorstellungen, in Ideen erzogen – insbesondere ist das diejenige Menschheit, die durch das akademische Studium gegangen ist –, die eigentlich durchaus herangebildet, herangereift sind an der neueren naturwissenschaftlichen Betrachtungsweise. Man glaubt nur in den Kreisen, in denen man anderes treibt als Naturwissenschaft, daß die Naturwissenschaft auf dieses Treiben wenig Einfluß habe. Allein es ist leicht nachzuweisen, daß selbst zum Beispiel in der neueren, fortgeschritteneren Theologie, in der Historie, in der Jurisprudenz überall naturwissenschaftliche Begriffe, das heißt solche Begriffe, wie sie in den naturwissenschaftlichen Untersuchungen der letzten Jahrhunderte heranerzogen wurden, hineingekommen sind, daß die althergebrachten Begriffe nach diesen neuen in einer gewissen Weise umgeformt worden sind. Und man braucht ja zum Beispiel nur den Gang der neuen theologischen Entwickelung im 19. Jahrhundert vor seinem geistigen Auge vorübergehen zu lassen, so wird man sehen, wie zum Beispiel die evangelische Theologie durchaus zu ihren Anschauungen über die Persönlichkeit Jesu, über das Wesen des Christus dadurch gekommen ist, daß sie gewissermaßen überall im Hintergrunde hatte die naturwissenschaftlichen Begriffe, von denen sie sich kritisiert fühlte, die naturwissenschaftlichen Begriffe, denen sie genügen wollte, an denen sie sich nicht versündigen wollte. Und dann kam das andere: Die alten, instinktiven Zusammenhänge des sozialen Lebens, sie verloren allmählich ihre Spannkraft im Menschendasein. Es wurde immer mehr und mehr notwendig im Laufe des 19. Jahrhunderts, an die Stelle jener Instinkte, durch die eine Klasse sich den Anordnungen der andern gefügt hat, an die Stelle der Instinkte, aus denen auch die neueren parlamentarischen Einrichtungen mit ihren Ergebnissen hervorgegangen sind, an die Stelle dieser Instinkte mehr oder weniger bewußte Begriffe zu setzen. Es bildete sich nicht nur in der Strömung des Marxismus, sondern auch in vielen andern Strömungen das aus, was man nennen könnte Umwandelung der alten sozialen Instinkte in bewußte Begriffe.

Aber was war da in die Sozialwissenschaft, ich möchte sagen, in dieses Lieblingskind des neueren Denkens hineingekommen? Es waren diejenigen Begriffe, namentlich Begriffsformen, hineingekommen, die man an den naturwissenschaftlichen Studien herangebildet hatte. Und heute stehen wir vor der großen Frage: Wie weit kommen wir mit einer sozialen Wirksamkeit, die von solchen Begriffen ausgeht? Und wenn wir das Rumoren der Welt betrachten, wenn wir all die Aussichtslosigkeit ins Auge fassen, die sich ergibt aus den verschiedenen Versuchen, die gemacht werden, aus diesen Ideen, aus diesen Begriffen heraus, wir bekommen ein recht schlimmes Bild. Da entsteht denn die bedeutungsvolle Frage: Wie ist es denn überhaupt mit den Begriffen, die wir da aus der Naturwissenschaft heraus gewonnen haben, und die wir jetzt anwenden wollen im Leben und die uns – deutlich zeigt sich das auf vielen Gebieten bereits – vom Leben eigentlich zurückgewiesen werden? Diese Lebensfrage, diese brennende Zeitfrage ist es, welche mich veranlaßt hat, gerade dieses Thema über die Grenzen des Naturerkennens zu wählen, und welche mich veranlassen wird, dieses Thema gerade so zu behandeln, daß man eine Übersicht bekommen kann, was Naturwissenschaft vermag oder nicht vermag, um für eine entsprechende soziale Ordnung irgend etwas zu tun, und wohin man sich zu wenden hat im wissenschaftlichen Forschen, in Weltanschauungsvorstellungen, wenn man ernsthaft sich hineinstellen will in die Forderungen des menschlichen Daseins gerade in unserer Zeit.

Was sehen wir, wenn wir den Blick werfen auf die ganze Art, wie gedacht wird innerhalb naturwissenschaftlicher Kreise und wie dann denken gelernt haben alle diejenigen, die eben beeinflußt werden von diesen Kreisen, was sehen wir da? Wir sehen, da wird zunächst angestrebt, in einer durchsichtigen Weise mit Hilfe klarer Begriffe die Naturtatsachen zu erforschen, zu redigieren, in ein System zu bringen. Wir sehen, wie versucht wird, die Tatsachen der leblosen Natur durch die verschiedenen Wissenschaften, Mechanik, Physik, Chemie und so weiter, in systematischer Weise zu ordnen, aber auch mit gewissen Begriffen zu durchdringen, durch die sie uns in einer gewissen Weise erklärlich werden sollen. Man strebt gegenüber dieser leblosen Natur nach möglichster Klarheit, nach durchsichtigen Begriffen. Und eine Folge dieses Strebens nach durchsichtigen Begriffen ist, daß man eigentlich am liebsten all dasjenige, was man da auf dem Gebiete der leblosen Natur in der Menschenumgebung hat, durchdringen möchte allüberall mit mathematischen Formeln. Man möchte die Tatsachen der Natur in die klaren mathematischen Formeln, in die durchsichtige Sprache der Mathematik bringen.

Es war im letzten Drittel des 19. Jahrhunderts, da glaubte man schon ganz nahe daran zu sein, eine mathematisch-mechanische Naturerklärung geben zu können, die gewissermaßen überallhin durchsichtig ist. Es blieb einem, ich möchte sagen, nur das kleine Pünktchen des Atoms. Man hat es wollen bis zum Kraftpunkt verdünnen, um seine Lage, seine Bewegungskräfte in mathematische Formeln zu bringen. Man glaubte dadurch sich sagen zu können: Ich blicke in die Natur; in Wirklichkeit blicke ich da in ein Gewebe von Kraftverhältnissen und Bewegungen, die ich durchaus mathematisch durchschauen kann. – Und es ist ja das Ideal der sogenannten astronomischen Naturerklärung entstanden, das im wesentlichen besagt: So wie man etwa in mathematischen Formeln die Verhältnisse unter den Himmelskörpern zum Ausdrucke bringt, so soll man im ganz Kleinen, gewissermaßen in diesem kleinen Kosmos der Atome und Moleküle, alles in durchsichtiger Mathematik berechnen können. Das war das Streben, das einen gewissen Höhepunkt erlangte – jetzt ist schon wieder dieser Höhepunkt überschritten – im letzten Drittel des 19. Jahrhunderts. Allein, diesem Streben nach dem mathematisch-durchsichtigen Weltenbilde steht etwas ganz anderes gegenüber, und das tritt sogleich hervor, wenn man die Ausdehnung dieses Strebens auf andere Gebiete als auf die der leblosen Natur herausbekommen will. Sie wissen, man hat ja auch versucht im Laufe des 19. Jahrhunderts, diese Anschauungsweise, dieses Streben nach durchsichtiger mathematischer Klarheit wenigstens teilweise hereinzubringen in die Erklärung des Lebendigen. Und während noch *Kant* gesagt hat, es werde sich niemals ein Newton finden, um in derselben Weise wie in die unorganische Natur auch in die Natur der Lebewesen Erklärung nach dem Ursachenprinzip hineinzubringen, konnte schon *Haeckel* sagen, daß dieser Newton in *Darwin* erstanden sei, daß da wirklich versucht worden ist, durch das Prinzip der Selektion gewissermaßen in durchsichtiger Weise zu zeigen, wie die Lebewesen sich entwickeln. Und nach einer ebensolchen Durchsichtigkeit, wenigstens an das mathematische Weltbild erinnernden Durchsichtigkeit, strebte man in allen Erklärungen, die heraufgingen bis zum Menschen. Und es war damit etwas erfüllt, was von einzelnen Naturforschern so ausgesprochen wurde, daß sie sagten: Das menschliche Kausalitätsbedürfnis gegenüber den Erscheinungen ist zunächst erfüllt, wenn man zu einer solchen durchsichtigen, klaren Anschauung kommt.

Nun steht aber eben alldem wieder etwas anderes gegenüber. Ich möchte sagen, Theorien über Theorien sind ausgedacht worden, um ein solches Weltbild, wie ich es eben jetzt charakterisiert habe, zu gewinnen. Und immer wieder und wiederum trat an die Seite derjenigen – manchmal waren es dieselben, die sich zu gleicher Zeit ihre Opposition selber schufen –, es trat an die Seite derjenigen, welche nach einem solchen Weltbilde strebten, immer die andere Partei, die zeigte, wie ein solches Weltbild niemals wahre Erklärungen bringen könne, wie ein solches Weltbild niemals die menschlichen Erkenntnisbedürfnisse befriedigen könne. Auf der einen Seite wurde immer bewiesen, wie notwendig es ist, ein Weltbild in mathematischer Durchsichtigkeit zu erhalten, auf der andern Seite wurde bewiesen, daß ein solches Weltbild zum Beispiel ganz außerstande wäre, auch nur das einfachste Lebewesen irgendwie mit mathematischer Durchsichtigkeit gedanklich zu konstruieren, ja daß es selbst nicht imstande wäre, die organische Substanz irgendwie verstandesmäßig im Bilde zu konstruieren. Man möchte sagen: Immerfort wurde von dem einen ein Gewebe von Ideen gesponnen, um die Natur zu erklären, von dem andern, manchmal von demselben, wurde es wiederum aufgelöst.

Dieses Schauspiel – denn es war im Grunde genommen für den, der es unbefangen genug beobachten konnte, eine Art Schauspiel – konnte man insbesondere in den letzten fünfzig Jahren innerhalb alles wissenschaftlichen Strebens und Arbeitens verfolgen. Man kann gerade, wenn man die ganze Last der Tatsache empfunden hat, daß gegenüber einer so ernsten Angelegenheit fortwährend ein Weben und Wiederauflösen stattfand, man kann demgegenüber die Frage aufwerfen: Ja, ist vielleicht nicht überhaupt alles Streben nach einer solchen begrifflichen Erklärung der Tatsachen etwas Unnötiges? Ist nicht vielleicht die richtige Antwort auf eine Frage, die sich aus alledem ergibt, diese, daß man einfach die Tatsachen für sich sprechen lassen soll, daß man beschreiben soll, was vorgeht in der Natur, und daß man auf Einzelheitenerklärung verzichten soll? Könnte es nicht vielleicht so sein, daß alle solche Erklärungen überhaupt nur eine Art Stecken-in-den-Kinderschuhen der Menschheitsentwickelung ist, daß die Menschheit in diesen Kinderschuhen wie nach einer Art Luxus hinstrebte, daß aber die reifgewordene Menschheit sich sagen müsse: Man muß überhaupt gar nicht streben nach solchen Erklärungen, man kommt mit solchen Erklärungen zu nichts, und man muß das Erklärungsbedürfnis einfach ausrotten. Es bedeutet die Reife des menschlichen Anschauens, solches Erklärungsbedürfnis auszurotten. – Warum denn nicht? Wir gewöhnen uns ja im späteren Alter auch das Spielen ab, warum sollte man sich denn nicht, wenn es berechtigt wäre, auch das Naturerklären einfach abgewöhnen?

Ich möchte sagen, solch eine Frage konnte schon auftauchen, als in einer ganz außerordentlich signifikanten Weise am 14. August 1872 in der zweiten Allgemeinen Sitzung der Versammlung Deutscher Naturforscher und Ärzte *Du Bois-Reymond* seine berühmte, heute noch berücksichtigenswerte Rede «Über die Grenzen des Naturerkennens» hielt. Trotzdem über diese Rede Du Bois-Reymonds, des bedeutenden Physiologen, so viel geschrieben worden ist, beachtet man nicht, daß mit ihr in einer gewissen Weise doch etwas gegeben ist, was einen Knotenpunkt in der modernen Weltanschauungsentwickelung bedeutet.

In der mittelalterlichen Scholastik war alles Denken, alle Ideenbildung der Menschheit hingeordnet nach der Anschauung, man könne dasjenige, was im weiten Reiche der Natur vorhanden ist, erklären durch gewisse Begriffe, aber man müsse haltmachen gegenüber dem Übersinnlichen. Das Übersinnliche müsse Gegenstand der Offenbarung sein. Das Übersinnliche soll dem Menschen so gegenüberstehen, daß er in dasselbe gar nicht eindringen wolle mit den Begriffen, die er sich über das Reich der Natur und des äußeren Menschendaseins mache. Da war eine Grenze gesetzt dem Erkennen nach der Seite des Übersinnlichen hin. Und in scharfer Weise betonte man, daß es eine solche Grenze geben müsse, daß es einfach im Menschenwesen und in der Welteneinrichtung liege, daß eine solche Grenze anerkannt werde. Von einer ganz andern Seite her erneuerte sich dieses Grenzesetzen durch solche Denker und Forscher wie Du Bois-Reymond. Sie waren nicht mehr Scholastiker, sie waren nicht mehr Theologen. Aber so wie der mittelalterliche Theologe aus seiner Denkweise heraus die Grenze gesetzt hat gegenüber dem Übersinnlichen, so standen diese Forscher und Denker vor den sinnlichen Tatsachen. In erster Linie gegenüber der äußeren Tatsachenwelt wurde diese Grenze geltend gemacht.

Zwei Begriffe waren es, die vor Du Bois-Reymonds geistigem Blick standen und von denen er sagt, sie geben die Grenze an, bis an welche die Naturforschung gelangen kann, über die sie aber nicht hinauskommen könne. Später hat er sie um fünf weitere Begriffe vermehrt in seiner Rede über «Die sieben Welträtsel», dazumal aber sprach er von den beiden Begriffen Materie und Bewußtsein. Er sagte: Indem wir die Naturtatsachen überblicken, sind wir gezwungen, solche Begriffe zu verwenden in der systematischen, in der gedanklichen Durchdringung, daß wir zum Schluß auf die Materie kommen. Aber was da eigentlich im Raume spukt, indem wir von Materie sprechen, das können wir niemals irgendwie erforschen. Wir müssen einfach den Begriff der Materie als einen dunklen Begriff aufnehmen. Wenn wir diesen dunklen Begriff der Materie aufnehmen, dann können wir unsere Rechnungsformeln ansetzen, dann können wir die Bewegung der Materie in diese Rechnungsformeln hineinbringen, dann wird uns die äußere Welt, wenn wir nur dieses, ich möchte sagen, dunkle Pünktchen millionen- und aber millionenmal darinnen haben, dann wird uns diese äußere Tatsachenwelt durchschaubar. Aber wir müssen doch annehmen, daß diese materielle Welt auch diejenige ist, die uns selbst zunächst leiblich aufbaut, die ihre Wirksamkeit in uns leiblich entfaltet, so daß durch diese leibliche Wirksamkeit in uns aufsteigt dasjenige, was zuletzt Empfindung und Bewußtsein wird. Wir stehen auf der einen Seite der Tatsachenwelt gegenüber, die uns nötigt, den Materiebegriff zu konstruieren, wir stehen auf der andern Seite uns selbst gegenüber, erfahren die Tatsache des Bewußtseins, beobachten die Bewußtseinserscheinungen, können ahnen, daß dasjenige, was wir in Materie annehmen, auch diesem Bewußtsein zugrunde liegt; aber wie aus diesen Bewegungen der Materie, wie aus diesen ganz leblosen, toten Bewegungen herauskommt dasjenige, was Bewußtsein ist, was schon die einfachste Empfindung ist, das ist niemals zu durchdringen. Das ist der andere Pol aller Ungewißheiten, aller Erkenntnisgrenzen, das Bewußtsein, ja schon die einfachste Empfindung.

In bezug auf die beiden Fragen: Was ist Materie? Wie entsteht aus dem materiellen Geschehen das Bewußtsein? müssen wir als Naturforscher – so meinte Du Bois-Reymond – bekennen ein Ignorabimus, ein: Wir werden niemals wissen. – Das ist das moderne Gegenstück der mittelalterlichen Scholastik. Die mittelalterliche Scholastik stand vor der Grenze in die übersinnliche Welt hinein, die modernere Naturwissenschaft steht vor der Grenze, die da bezeichnet wird im wesentlichen doch durch die beiden Begriffe: Materie, die überall vorausgesetzt wird im Sinnlichen, aber in diesem Sinnlichen nicht gefunden werden kann, und Bewußtsein, von dem man annehmen will, daß es aus dem Sinnlichen entspringt, von dem man aber niemals begreifen kann, wie es aus diesem Sinnlichen entspringt.

Wenn man diesen Entwickelungsgang des neueren naturwissenschaftlichen Denkens überschaut, muß man sich dann nicht sagen: Die Naturforschung spinnt sich ja in ein gewisses Gewebe ein – außerhalb dieses Gewebes liegt die Welt. Denn da, wo Materie im Raume spukt, da ist doch schließlich die äußere Welt. Wenn man da nicht eindringen kann, so hat man eben keine Vorstellungen, die das Leben irgendwie beherrschen können. Im Menschen ist die Bewußtseinstatsache. Kommt man mit den Erklärungen, die man sich an der äußeren Natur bildet, dieser Bewußtseinstatsache bei? Man macht ja gerade vor dem Menschenleben halt mit allen Erklärungen, wie soll man denn dann zu Begriffen darüber kommen, wie der Mensch sich menschenwürdig ins Dasein hineinstellen könne, wenn man nicht begreift das Dasein, wenn man nicht begreift das Wesen des Menschen nach den Annahmen, die man sich über dieses Dasein macht?

Das wird uns gerade im Laufe dieses Kurses, wie ich glaube, mit aller Deutlichkeit ersichtlich werden, daß es die Ohnmacht der modernen naturwissenschaftlichen Denkweise ist, welche uns auch so ohnmächtig vor die soziale Begriffsbildung hingestellt hat. Man durchschaut heute noch nicht, welch wichtiger und wesentlicher Zusammenhang da besteht. Man durchschaut heute noch nicht, daß, als am 14. August 1872 Du Bois-Reymond in Leipzig ausgesprochen hat sein Ignorabimus, dieses Ignorabimus hingeworfen worden ist auch für alles soziale Denken, daß eigentlich dieses Ignorabimus geheißen hat: Wir wissen uns nicht zu helfen gegenüber dem wirklichen Leben, wir haben Schattenbegriffe, keine Wirklichkeitsbegriffe. – Und jetzt, fast fünfzig Jahre danach, verlangt die Welt von uns solche Begriffe. Wir müssen sie haben. Aus den Hörsälen, die im Grunde genommen noch immer unter der Wirkung dieses Ignorabimus arbeiten, können uns diese Begriffe, diese Impulse nicht kommen. Das ist die Kardinaltragik der Gegenwart. Da liegen die Fragen, die beantwortet werden müssen.

Wir wollen von den ersten Elementen zu einer solchen Antwort ausgehen, wollen uns vor allen Dingen die Frage vorlegen: Könnten wir nicht vielleicht als Menschen überhaupt etwas Gescheiteres tun, als die Natur erklären, wenn wir immer nach dem Muster, der Art der alten Penelope, in den letzten fünfzig Jahren namentlich, auf der einen Seite Theorien gesponnen haben, auf der andern Seite sie wiederum aufgelöst haben? Ja, wenn wir es könnten, wenn wir könnten ohne Gedanken dem Laufe der Natur gegenüberstehen! Das können wir aber nicht, insofern wir überhaupt Menschen sind und Menschen bleiben wollen. Wir müssen, indem wir denkend die Natur ergreifen, sie mit Begriffen und Ideen durchziehen. Warum müssen wir das?

Ja, meine sehr verehrten Anwesenden, das müssen wir, weil überhaupt nur daran unser Bewußtsein erwacht, weil wir nur dadurch bewußte menschliche Wesen werden. Wie wir im Grunde genommen jeden Morgen, wenn wir die Augen aufschließen, das Bewußtsein wiedererlangen an unseren Wechselbeziehungen mit der äußeren Welt, so war es auch im Entwickelungsgange der Menschheit. An dem Verkehr der Sinne, des Denkens mit dem äußeren Gange der Natur hat sich erst das Bewußtsein entzündet, ist erst das Bewußtsein so geworden, wie es jetzt ist. Die Tatsache des Bewußtseins sehen wir einfach historisch sich entwickeln an dem Sinnenverkehr des Menschen mit der äußeren Natur. Aus dem dumpfen, schläfrigen Kulturleben der Urweltzeiten entzündete sich das Bewußtsein an dem menschlichen Sinnenverkehr mit der äußeren Natur. Aber nun muß man dieses Entzünden des Bewußtseins, diesen Wechselverkehr des Menschen mit der äußeren Natur nur einmal unbefangen beobachten, und man wird finden, daß da etwas Eigentümliches im Menschen vorgeht. Wenn wir zurückschauen in unser Seelenleben, was da ist, entweder indem wir des Morgens aufwachen und vor dem Aufwachen noch drinnen verharren in der Dumpfheit des Traumbewußtseins, oder indem wir auf Urzustände der Menschheitsentwickelung, auf das auch fast traumhafte Bewußtsein dieser Urzeiten schauen, wenn wir das alles ins Auge fassen, was gewissermaßen zurückgeschoben ist in unserem Seelenleben hinter der an der Oberfläche liegenden Bewußtseinstatsache, die aus dem Sinnenverkehr mit der äußeren Natur entsteht, so finden wir eine Vorstellungswelt, wenig intensiv, bis zu Traumbildern abgeschwächt, mit unscharfen Konturen, die einzelnen Bilder ineinander verschwimmend. Das alles kann eine unbefangene Beobachtung feststellen. Diese geringe Intensität des Vorstellungslebens, diese Verschwommenheit in den Konturen, dieses Auseinanderschwimmen der einzelnen Vorstellungsbilder, es hört nicht anders auf, als daß wir erwachen zum völligen Sinnenverkehr mit der äußeren Natur. Wir müssen, um zu diesem Erwachen, das heißt, zum vollen Menschendasein zu kommen, jeden neuen Morgen erwachen zum Sinnenverkehr mit der Natur. Aber es mußte auch die ganze Menschheit vom dumpfen, traumhaften Urweltanschauen aus zu dem jetzigen klaren Vorstellen aus solcher Seelenwelt erst erwachen.

Das heißt, wir erwerben uns jene Klarheit des Vorstellens, jene scharfkonturierten Begriffe, die wir brauchen, um wach zu sein und mit wacher Seele die Umwelt zu verfolgen, wir brauchen das alles, um im vollen Sinne des Wortes Menschen zu sein. Aber wir können es nicht aus uns selbst herauszaubern. Wir können es zunächst nur aus unserem Sinnenverkehr mit der Natur gewinnen. Da kommen wir zu klaren, scharfkonturierten Begriffen. Da entwickeln wir etwas, was der Mensch entwickeln muß um seiner selbst willen, sonst würde sein Bewußtsein nicht erwachen. Es ist also nicht ein abstraktes Erklärungsbedürfnis, nicht dasjenige, was Menschen wie Du Bois-Reymond oder ähnliche ein Kausalbedürfnis nennen, sondern es ist das Bedürfnis, Mensch zu werden an der Naturbeobachtung, das uns hintreibt, Erklärungen zu suchen. Wir dürfen daher nicht sagen, wir können uns das Erklären abgewöhnen, wie wir uns das Kinderspielen abgewöhnen, denn damit würden wir bedeuten, daß wir nicht wollen im vollen Sinn des Wortes Menschen werden, daß heißt, uns so zum Erwachen bringen, wie wir erwachen müssen.

Aber dabei stellt sich etwas anderes heraus. Es stellt sich heraus, daß wir, indem wir zu solchen klaren Begriffen kommen, die wir an der Natur entwickeln, wir begrifflich, innerlich begrifflich verarmen. Unsere Begriffe werden klar, aber ihr Umfang wird arm. Und wenn wir uns dann besinnen, was wir erreicht haben durch diese klaren Begriffe, so ist es äußere mathematisch-mechanische Klarheit. Aber wir finden in dem, was so Klarheit geworden ist, nichts, was uns das Leben begreiflich erscheinen läßt. Wir sind gewissermaßen ins Licht gekommen, aber wir haben den Boden unter den Füßen verloren. Wir finden keine Begriffe, die uns das Leben, die uns das Bewußtsein selber irgendwie verbildlichen ließen. Mit der Klarheit, die wir um unserer Menschlichkeit willen erringen müssen, geht uns das Inhaltsvolle desjenigen verloren, wonach wir eigentlich gestrebt haben. Und wir sehen uns dann mit unseren Begriffen in der Natur um. Wir bilden klare Begriffe, die mechanistisch-mathematische Naturordnung. Wir bilden solche Begriffswelten wie die Deszendenztheorie und dergleichen. Wir streben nach Klarheit. Wir machen uns mit dieser Klarheit ein Weltbild. Aber in diesem Weltbild ist keine Möglichkeit, den Menschen, uns selbst, drinnen zu finden. Wir sind an unsere Oberfläche gekommen mit unseren Begriffen bis zum Verkehr mit der Natur. Wir kommen zur Klarheit, aber wir haben auf dem Wege den Menschen verloren. Wir gehen durch die Natur, wenden die mathematisch-mechanische Naturerklärung an, wir wenden die deszendenztheoretische Naturerklärung an, wir bilden allerlei biologische Begriffe aus, wir erklären die Natur, wir formen ein Naturbild – der Mensch kann nicht drinnen sein. Wir haben die Vollinhaltlichkeit, die wir zuerst hatten, verloren, und wir stehen so vor demjenigen Begriffe, den wir mit den, ich möchte sagen, allerausgedörrtesten Begriffen, mit den klarsten, aber ausgedörrtesten, leblosesten Begriffen formen können, wir stehen vor dem Materiebegriff. Und im Grunde genommen ist das Ignorabimus gegenüber dem Materiebegriff einfach das Bekenntnis: Ich habe mich zur Klarheit durchgerungen, ich habe mich zum vollen Erwachen des Bewußtseins durchgerungen, aber ich habe das Wesen des Menschen dabei in meinem Erkennen, in meinem Erklären, in meinem Erfassen verloren.

Und wir wenden uns dann nach innen. Wir wenden uns von der Materie ab und schauen nun nach dem Inneren des Bewußtseins. Wir schauen, wie in diesem Inneren des Bewußtseins Vorstellungen verlaufen, Gefühle sich abspielen, wie Willensimpulse uns durchzucken. Wir beobachten das alles, und siehe da, wenn wir nun versuchen, jene Klarheit, die wir uns errungen haben an der äußeren Natur, da in unserer Selbstanschauung zu entfalten – es geht nicht. Wir schwimmen gewissermaßen in einem Elemente, das wir nicht zu wirklichen Konturen bringen können, das immer fort und fort verschwimmt. Die Klarheit, die wir gegenüber der äußeren Natur erstreben, sie läßt sich nicht anwenden auf unser Inneres. Wir sehen in den modernsten Bestrebungen, die auf dieses Innere gehen, in der englisch-amerikanischen Assoziations-Psychologie, wie man dasjenige, was man an Klarheit gewonnen hat an der Beobachtung der äußeren Natur, das Zusammen-sich-Assoziieren von Dingen und Vorgängen, wie man das anwenden will nach dem Muster von *Hume*, von *Mill*, von *James* und so weiter auf das Vorstellen, auf das Empfinden. Man überträgt die äußere Klarheit auf das Empfinden. Es geht nicht. Es ist so, wie wenn man die Gesetze des Fliegens anwenden wollte beim Schwimmen. Man kommt nicht in dem Element zurecht, in dem man sich nun zu bewegen hat. Die Assoziations-Psychologie kommt nicht zu einem wirklichen Konturieren, zur Klarheit gegenüber der Tatsache des Bewußtseins. Und selbst wenn man versucht, mit einer gewissen Nüchternheit, wie *Herbart*, das Rechnen, das solche Erfolge bringt im äußeren Naturwerden, nun auf das menschliche Vorstellen, auf die Seele anzuwenden: Man kann rechnen, aber die Rechnungen schweben in der Luft. Man kann keine Ansätze machen, weil die Rechnungsformeln nicht erfassen können dasjenige, was in der Seele eigentlich vorgeht. Während man den Menschen verloren hat an der äußeren Klarheit, findet man zwar den Menschen – das ist ja selbstverständlich, daß man den Menschen findet, wenn man ins Bewußtsein zurückkommt –, aber man kann jetzt mit der Klarheit nichts anfangen, denn man schwimmt wesenlos hin- und hergerissen in diesem Bewußtsein herum. Man findet den Menschen, aber man findet kein Bild des Menschen.

Das ist dasjenige, was präzise gefühlt worden ist, aber weniger präzise, sondern nur aus einem gewissen allgemeinen Gefühle gegenüber der modernen Naturforschung ausgesprochen worden ist im August 1872 von Du Bois-Reymond mit dem Ignorabimus. Im Grunde genommen will dieses Ignorabimus sagen: Wir haben uns in der historischen Menschheitsentwickelung auf der einen Seite zur Klarheit an der Natur gebracht und den Materiebegriff konstruiert. Wir haben in diesem Naturbilde den Menschen, das heißt, uns selbst verloren. Wir sehen wiederum zurück in unser Bewußtsein. Wir wollen dasjenige, was wir uns als das Bedeutsamste für die neuere Naturerklärung errungen haben, die Klarheit, da drinnen anwenden. Das Bewußtsein stößt diese Klarheit wieder aus. Diese mathematische Klarheit läßt sich nicht anwenden. Wir finden zwar den Menschen, aber unser Bewußtsein ist noch nicht stark genug, noch nicht intensiv genug, um diesen Menschen zu erfassen.

Man möchte wiederum mit einem Ignorabimus antworten. Das darf aber nicht sein, denn wir brauchen etwas anderes als ein Ignorabimus gegenüber den sozialen Forderungen der modernen Welt. Nicht in einer Einrichtung der Menschennatur, sondern einfach in dem gegenwärtigen Stande der historischen Menschheitsentwickelung liegt die Grenzbestimmung, zu der am 14. August 1872 Du Bois-Reymond mit seinem Ignorabimus gekommen ist. Wie ist über dieses Ignorabimus hinauszukommen? Das ist die große Frage. Sie muß beantwortet werden, nicht aus einem bloßen Erkenntnisbedürfnis heraus, sondern aus einem allgemeinsten Menschheitsbedürfnisse heraus. Und davon, wie man nach einer Antwort streben kann, wie man das Ignorabimus überwinden kann so, wie es überwunden werden muß von der Menschheitsentwickelung, davon soll der Kursus in seinem weiteren Verlaufe handeln.

ZWEITER VORTRAG

Dornach, 28. September 1920

Für alle diejenigen, welche von einem Vortragszyklus, der einen Titel trägt wie dieser, verlangen, daß gar nichts eingemischt werde, was gewissermaßen den objektiv-unpersönlichen Gang der Darstellung unterbricht, möchte ich, da ich heute vielfach gerade an Persönlichkeiten werde anzuknüpfen haben, bemerken, daß in dem Augenblicke, wo es sich darum handelt, die Ergebnisse menschlicher Urteilsbildung auch wirklich in ihrer Beziehung zum Leben, zum vollen menschlichen Dasein darzustellen, es unausbleiblich ist, daß man auf gewisse Persönlichkeiten hinweist, von denen eine solche Urteilsbildung ausgegangen ist, daß man sich überhaupt auch in der wissenschaftlichen Darstellung etwas an diejenige Region hält, wo das Urteil entsteht, an die Region des menschlichen Ringens, des menschlichen Strebens nach einem solchen Urteil. Und hier soll ja vor allen Dingen die Frage beantwortet werden: Was kann aus der wissenschaftlichen Urteilsbildung der neueren Zeit herausgeholt werden für das soziale, für das lebendige Denken, das die Ergebnisse des Denkens zu Impulsen des Lebens machen will? – Da muß man schon auch etwas darauf bedacht sein, daß der ganze Gang der Betrachtung, die man anstellt, herausgerissen sei aus der Studierstube und aus den Lehrsälen und gewissermaßen drinnensteht im lebendigen Entwickelungsgange der Menschheit.

Hinter dem, wovon ich gestern ausging als dem modernen Streben nach einer mechanistisch-mathematischen Weltanschauung und dem Auflösen dieser Weltanschauung, hinter dem, was dann so gipfelte in der berühmten Rede von 1872 des Physiologen *Du Bois-Reymond* über die Grenzen des Naturerkennens, hinter alldem steht aber noch Bedeutsameres; Bedeutsameres, das sich hereindrängt in unsere Beobachtung, wenn wir gerade sprechen wollen im lebendigen Sinne über die Grenzen des Naturerkennens.

Eine Gestalt von außerordentlicher philosophischer Größe sieht uns ja heute noch mit einer gewissen Lebendigkeit aus der ersten Hälfte des

19. Jahrhunderts heraus an, es ist *Hegel.* In Lehrsälen, in der philosophischen Literatur wird ja erst wiederum in den letzten Jahren Hegel mit etwas mehr Achtung genannt als unmittelbar vorher. Im letzten Drittel des 19. Jahrhunderts bekämpfte man wohl Hegel, namentlich bekämpften ihn Akademiker. Allein man wird wohl ganz wissenschaftlich nachweisen können, daß die in den achtziger Jahren des vorigen Jahrhunderts von *Eduard von Hartmann* ausgesprochene Behauptung, man könne beweisen, daß überhaupt in Deutschland nur zwei Universitätsdozenten Hegel gelesen haben, richtig ist. Man hat Hegel bekämpft, aber man hat ihn auf philosophischem Boden nicht gekannt. Aber man hat ihn in einer andern Weise gekannt, und in einer gewissen Art kennt man ihn heute noch. Hegel, so wie er beschlossen ist, oder besser gesagt, wie seine Weltanschauung beschlossen ist in der großen Anzahl der Bände, die als Hegels Werke in den Bibliotheken stehen, in dieser ihm ureigenen Gestalt kennen ihn allerdings wenige. Allein in gewissen Verwandlungsformen ist er, man könnte sagen, gerade der populärste Philosoph, den es jemals in der Welt gegeben hat. Wer heute, vielleicht aber noch besser wer vor einigen Jahrzehnten eine Proletarierversammlung mitmachte und hörte, was da diskutiert wurde, wer eine Wahrnehmung dafür hatte, woher die ganze Art der Gedankenbildung in einer solchen Proletarierversammlung kam, der wußte, wenn er wirkliche Erkenntnis der neueren Geistesgeschichte hatte, daß diese Gedankenbildung durchaus von Hegel ausgegangen ist und durch gewisse Kanäle in die breiteste Masse hineingeflossen ist. Und wer Philosophie und Literatur des europäischen Ostens gerade auf diese Frage hin untersuchen würde, der würde finden, daß in das Geistesleben Rußlands in breitestem Umfange die Gedankenformen der Hegelschen Weltanschauung voll eingewoben sind. Und so kann man sagen: Anonym gewissermaßen ist Hegel vielleicht einer der allerwirksamsten Philosophen der Menschheitsgeschichte in den letzten Jahrzehnten der neueren Zeit geworden. – Allein man möchte sagen, wenn man wiederum kennenlernt dasjenige, was da in den breitesten Schichten der neueren Menschheit als Hegeltum lebt, man werde erinnert an jenes Bild, das von einem etwas häßlichen Manne ein wohlwollender Maler gemalt hat, und es so gemalt hat, daß es die Familie gerne sah. Als

dann ein jüngerer Sohn herangewachsen war, der vorher das Bild wenig betrachtet hatte, und es sah, da sagte er: Aber Vater, wie hast du dich verändert! – Man möchte sagen, wenn man sieht, was Hegel geworden ist: Aber mein Philosoph, wie hast du dich verändert! – Und es ist ja in der Tat etwas höchst Eigentümliches um diese Hegelsche Weltanschauung.

Kaum war Hegel selber hinweggegangen, so zerfiel seine Schule. Und man konnte sehen, wie diese Hegelsche Schule ganz die Gestalt eines neuen Parlamentes annahm. Es gab da eine Linke, eine Rechte, eine äußerste Rechte, eine äußerste Linke, einen radikalsten, einen konservativsten Flügel. Es gab ganz radikale Menschen mit einer radikalen wissenschaftlichen, mit einer radikalen sozialen Weltanschauung, die sich als die richtigen geistigen Abkömmlinge von Hegel fühlten. Es gab auf der andern Seite vollgläubige positive Theologen, die nun wiederum ihren theologischen Urkonservativismus auf Hegel zurückzuführen wußten. Es gab das Hegel-Zentrum mit dem liebenswürdigen Philosophen *Karl Rosenkranz,* und alle, alle diese Persönlichkeiten, sie behaupteten jeder für sich, sie hätten die richtige Hegelsche Lehre.

Was liegt denn da eigentlich für ein merkwürdiges weltgeschichtliches Phänomen aus dem Gebiete der Erkenntnisentwickelung vor? Das liegt vor, daß einmal ein Philosoph die Menschheit heraufzuheben versuchte auf die höchste Höhe des Gedankens. Wenn man auch noch so sehr Hegel wird bekämpfen wollen, daß er den Versuch einmal gewagt hat, in reinsten Gedankengebilden die Welt innerlich-seelisch gegenwärtig zu machen, das wird nicht geleugnet werden können. In eine Ätherhöhe des Denkens hob Hegel die Menschheit herauf. Aber kurioserweise, die Menschheit fiel gleich wieder herunter aus dieser Ätherhöhe des Denkens. Auf der einen Seite zog sie materialistische Konsequenzen, auf der andern Seite positive theologische Konsequenzen daraus. Und selbst wenn man das Hegelsche Zentrum mit Karl Rosenkranz nimmt, so kann man nicht sagen, daß die Hegelsche Lehre so geblieben ist in dem liebenswürdigen Rosenkranz, wie Hegel sie selber gedacht hat. Da also liegt der Versuch vor, einmal mit dem Wissenschaftsprinzip in höchste Höhen hinaufzusteigen. Aber man konnte sozusagen, indem man nachher Hegels Gedanken in sich selber verarbeitete, die entgegengesetztesten Urteile, die entgegengesetztesten Erkenntnisrichtungen daraus hervorgehen lassen.

Nun, streiten über Weltanschauungen läßt sich in der Studierstube, läßt sich innerhalb der Akademien, läßt sich zur Not auch in der Literatur, wenn nicht gerade an die literarischen Streitigkeiten sich wüste Klatscherei und wüstes Cliquenwesen anschließt. Aber mit dem, was in einer solchen Art aus der Hegelschen Philosophie geworden ist, läßt sich das Urteil nicht loslösen von Studierstuben und Lehrsälen und hinaustragen, so daß es Impuls werde für das soziale Leben. Man kann denkerisch streiten über entgegengesetzte Weltanschauungen, man kann aber nicht gut im äußeren Leben mit entgegengesetzten Lebensanschauungen friedlich sich bekämpfen. Diesen letzten paradoxen Ausdruck müßte man geradezu gebrauchen für ein solches Phänomen. Und so steht, ich möchte sagen, in der ersten Hälfte des 19. Jahrhunderts beängstigend vor uns ein Entwickelungsfaktor des Erkennens, der sich in hohem Grade sozial unbrauchbar erwiesen hat. Und auch demgegenüber müßten wir dann die Frage aufwerfen: Wie kommen wir denn dazu, unser Urteil so zu bilden, daß es brauchbar werde im sozialen Leben? Insbesondere an zwei Erscheinungen können wir diese soziale Unbrauchbarkeit des Hegeltums für das soziale Leben bemerken.

Einer derjenigen, die innerlich am energischsten Hegel studiert haben, die Hegel ganz in sich lebendig gemacht haben, ist *Karl Marx.* Und was tritt uns in Karl Marx entgegen? Ein merkwürdiges Hegeltum! Hegel auf dem höchsten Gipfel des Ideenbildes droben, auf dem äußersten Gipfel des Idealismus – der treue Schüler Karl Marx das Bild sogleich ins Gegenteil wendend, mit derselben Methode, wie er glaubt, indem er gerade dasjenige, was in Hegel die Wahrheit ist, herauszubilden glaubte, und es wird daraus der historische Materialismus, jener Materialismus, der für breite Massen diejenige Weltanschauung oder Lebensauffassung sein soll, die sich nun wirklich hineintragen lassen soll in das soziale Leben. So begegnet uns in der ersten Hälfte des 19. Jahrhunderts der große Idealist, der nur im Geistigen, in seinen Ideen lebte, Hegel; so begegnet uns in der zweiten Hälfte des 19. Jahrhunderts sein Schüler Karl Marx, der nur im Materiellen drinnen forschte, der nur im Materiellen drinnen eine Wirklichkeit sehen wollte, der in alledem, was in idealen Höhen lebte, nur Ideologie sah. Man sollte nur einmal durchempfinden diesen Umschlag der Welt- und Lebensauffassungen im Laufe des 19. Jahrhunderts, und man wird die ganze Stärke desjenigen in sich fühlen, was heute dazu treibt, eine solche Naturerkenntnis zu gewinnen, die, wenn wir sie haben, in uns ein Urteil loslöst, das sozial lebensfähig ist.

Nun, sehen wir nach einer andern Seite hin, nach etwas, was zwar nicht so sehr betont hat, daß es aus Hegel stammt, was aber nichtsdestoweniger historisch ganz gut auf Hegel zurückgeführt werden kann, so finden wir den Ich-Philosophen noch aus der ersten Hälfte des 19. Jahrhunderts, aber herüberragend in die zweite Hälfte, wir finden *Max Stirner.* Während Karl Marx den einen Pol des menschlichen Anschauens, auf den wir gestern hingewiesen haben, die Materie zur Grundlage seiner Betrachtung macht, geht Stirner, der Ich-Philosoph Max Stirner, aus von dem andern Pole, von dem Bewußtseinspol. Und gerade deshalb, weil die neuere Weltanschauung, indem sie nach dem materiellen Pol hinzielt, das Bewußtsein nicht aus ihm heraus finden kann, wie wir gestern an dem Beispiel Du Bois-Reymonds gesehen haben, so wird auf der andern Seite die Folge sein, daß eine Persönlichkeit, die sich nun ganz nur auf das Bewußtsein stellt, die materielle Welt nicht finden kann. Und so ist es bei Max Stirner. Für Max Stirner gibt es im Grunde genommen kein materielles Weltall mit Naturgesetzen. Für Max Stirner gibt es nur eine Welt, die einzig und allein bevölkert ist von menschlichen Ichen, von menschlichen Bewußtseinen, die ganz und gar nur sich ausleben wollen. «Ich hab' mein Sach' auf nichts gestellt», das ist so eine der Losungen Max Stirners. Und von diesem Gesichtspunkte aus lehnt sich Max Stirner selbst gegen eine göttliche Weltenführung auf. Er sagt zum Beispiel: Da fordern gewisse Ethiker, gewisse Sittenlehrer, wir sollen nicht aus Selbstsucht irgendeine Tat begehen, sondern wir sollen sie begehen, weil sie Gott gefällt; wir sollen auf Gott hinschauen, indem wir eine Tat begehen, auf das, was ihm gefällt, was er anordnet, was ihm sympathisch ist. Warum sollte ich das – meint Max Stirner –, der ich meine Sache lediglich auf die Spitze des Ich-Bewußtseins stellen will, warum sollte ich zugeben, daß Gott nun der große Egoist sei, der verlangen kann von der Welt, der Menschheit, daß alles so gemacht werde, wie es ihm gefällt! Ich will nicht um des großen Egoismus willen meinen persönlichen Egoismus aufgeben. Ich will die Dinge tun, die *mir* gefallen. Was geht mich ein Gott an, wenn ich nur *mich* habe.

Das ist das Sich-Verwickeln, Sich-Verwirren in das Bewußtsein, das dann nicht mehr aus sich herauskann. Ich habe gestern darauf aufmerksam gemacht, wie wir auf der einen Seite zu klaren Ideen kommen können, indem wir erwachen an dem äußeren physisch-sinnlichen Dasein, wie wir aber, wenn wir wiederum dann hinuntersteigen in unser Bewußtsein, zu traumhaften Ideen kommen, die sich wie triebartig in die Welt hineinstellen und aus denen wir nicht wieder herauskommen. Zu klaren Ideen, man möchte sagen, zu überklaren Ideen ist schon Karl Marx gekommen. Und das war das Geheimnis seines Erfolges. Die Ideen von Marx sind so klar, daß, trotzdem sie kompliziert sind, sie eben für die weitesten Kreise, wenn sie recht zugerichtet werden, verständlich sind. Da hat die Klarheit zur Popularität verholfen. Und solange nicht bemerkt wird, daß eben innerhalb einer solchen Klarheit die Menschheit verloren ist, so lange wird man sich, wenn man konsequent sein will, eben an diese Klarheit halten.

Neigt man aber seiner ganzen Anlage nach zu dem andern Pol, zu dem Bewußtseinspol, ja dann, dann geht man mehr nach der Stirnerschen Seite hinüber. Dann verachtet man diese Klarheit, dann fühlt man, daß, sozial angewendet, diese Klarheit den Menschen zwar zu einem klaren Rade in der mathematisch-mechanisch gedachten sozialen Ordnung macht, aber eben zu einem Rad. Ist man dann nicht dazu veranlagt, dann revoltiert der Wille, dann revoltiert dieser Wille, der auf dem untersten Grunde des menschlichen Bewußtseins tätig ist. Und dann lehnt man sich auf gegen alle Klarheit. Dann spottet man, wie Stirner gespottet hat, aller Klarheit. Dann sagt man: Was geht mich irgend etwas anderes an, was geht mich selbst die Natur an, ich stelle mein Ich aus mir heraus und sehe, was daraus wird. – Wir werden noch sehen, wie es im höchsten Grade charakteristisch ist für die ganze neuere Menschheitsentwickelung, daß solche Extreme, solche scharf ausgesprochenen Extreme gerade im 19. Jahrhundert aufgetreten sind, denn sie sind das Wetterleuchten desjenigen, was wir jetzt als soziales Chaos erleben, als Gewitter. Diesen Zusammenhang, den muß man verstehen, wenn man heute überhaupt über Erkenntnis reden will.

Wir sind gestern dazu gekommen, hinzuweisen auf der einen Seite auf das, was der Mensch vollzieht, indem er sich in Wechselbeziehung versetzt mit der natürlich-sinnlichen Außenwelt. Sein Bewußtsein erwacht zu klaren Begriffen, aber es verliert sich selbst, es verliert sich so selbst, daß der Mensch nur inhaltlich leere Begriffe, wie den Begriff der Materie hinpfahlen kann, Begriffe, vor denen er dann so steht, daß sie ihm zum Rätsel werden. Aber wir kommen eben nicht anders, als indem wir uns so selbst verlieren, zu solchen klaren Begriffen, die wir brauchen zur Entwickelung unseres vollen Menschentums. Wir müssen uns eben in einer gewissen Weise zunächst verlieren, damit wir uns wieder finden können durch uns selbst. Aber heute ist die Zeit gekommen, wo man an diesen Phänomenen etwas lernen soll. Und was kann man an diesen Phänomenen lernen? Man kann dasjenige lernen, daß zwar die ganze Klarheit der Begriffe, die ganze Durchsichtigkeit des Vorstellungslebens an dem Verkehr mit der äußeren sinnlich-natürlichen Welt für den Menschen gewonnen werden kann, daß aber in dem Augenblicke diese Klarheit der Begriffe unbrauchbar wird, wenn wir mehr erhalten wollen in der Naturwissenschaft als einen bloßen Phänomenalismus, nämlich jenen Phänomenalismus, den *Goethe* als Naturforscher pflegen wollte, wenn wir mehr wollen als Naturwissenschaft, nämlich den Goetheanismus.

Was heißt das? Nun, wenn wir an den Wechselverkehr zwischen unserem Inneren und der Außenwelt, der sinnlich-physischen Außenwelt herankommen, dann können wir unsere Begriffe, die wir uns heranbilden an der Natur, noch gebrauchen, um nicht in der erscheinenden Natur stehenzubleiben, sondern noch hinter diese erscheinende Natur dahinter zu denken. Das tun wir, wenn wir nicht bloß sagen, im Spektrum erscheint neben der gelben Farbe die grüne Farbe und auf der andern Seite beginnt das Bläuliche, wenn wir nicht bloß die Phänomene, die Erscheinungen aneinandergliedern mit Hilfe des Mittels unserer Begriffe, sondern wenn wir diesen Sinnesteppich gleichsam mit unseren Begriffen durchstechen wollen und hinter ihm durch unsere

Begriffe noch etwas konstruieren wollen. Das tun wir, wenn wir sagen: Ich bilde mir aus den klar gewonnenen Begriffen heraus Atome, Moleküle, dasjenige, was hinter den Erscheinungen der Natur sein soll, Bewegungen innerhalb der Materie. Da geschieht nämlich etwas Merkwürdiges. Da geschieht das, daß wenn ich hier als Mensch bin (siehe Zeichnung), den Sinneserscheinungen gegenüberstehe, ich meine Begriffe nicht allein dazu gebrauche, um für mich eine Erkenntnisordnung in dieser Sinneswelt zu begründen, sondern ich durchstoße die Grenze der Sinneswelt und konstruiere dahinter Atome und dergleichen. Ich kann gewissermaßen nicht stillstehen mit meinen klaren Begriffen bei der Sinneswelt. Ich bin gewissermaßen ein Schüler der trägen Materie, die immer noch fortrollt, wenn sie an einem Orte angekommen ist, auch wenn die Kraft des Fortrollens schon nachgelassen hat. Meine Erkenntnis kommt bis an die Sinneswelt heran, und ich bin träge, ich habe ein gewisses Beharrungsvermögen, ich rolle mit meinen Begriffen hinter die Sinneswelt noch hinunter und konstruiere mir da eine Welt, an der ich dann wiederum zweifle, wenn ich merke, daß ich nur meiner Trägheit gefolgt bin mit meinem ganzen Denken.

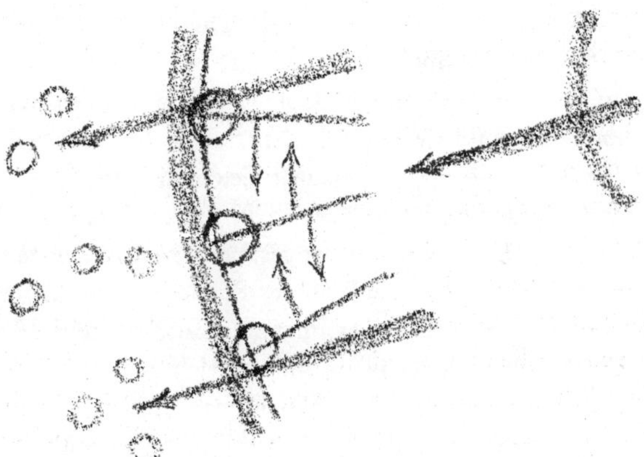

Es ist interessant, daß ein großer Teil der Philosophie, die sich ja nicht im Sinnlichen bewegt, im Grunde genommen auch nichts anderes ist als ein solches Fortrollen in der Trägheit hinter dasjenige, was eigentlich in der Welt wirklich vorliegt. Man kann nicht stillestehen. Man will noch weiter, weiter, weiter denken und konstruiert Atome und Moleküle, konstruiert unter Umständen auch manches andere, was die Philosophen dahinter konstruiert haben. Kein Wunder, daß man dieses Selbstgespinst, das man aus Beharrungsvermögen in der Welt aufgerichtet hat, dann wiederum auflösen muß.

Gegen dieses Trägheitsgesetz lehnte sich Goethe auf. Er wollte ein solches Fortrollen des Denkens nicht, er wollte stehenbleiben, streng stehenbleiben an dieser Grenze (siehe Zeichnung: dicker Strich), und er wollte innerhalb der Sinneswelt die Begriffe anwenden. So daß er sich sagte: Im Spektrum erscheint mir Gelb, im Spektrum erscheint mir Blau, Rot, Indigo, Violett. Wenn ich aber diese verschiedenen Farbenerscheinungen mit meiner Begriffswelt durchdringe und innerhalb der Phänomene bleibe, so stellen sich mir die Phänomene, die Erscheinungen selbst zusammen, und ich bekomme aus der Tatsache des Spektrums heraus: Wenn sich dunklere Farben oder überhaupt Dunkelheit hinter hellere Farben oder überhaupt hinter die Helligkeit stellen, so bekomme ich dasjenige, was gegen das Blau des Spektrums zu liegt. Umgekehrt: Wenn ich das Helle hinter das Dunkle stelle, bekomme ich, was gegen das Rot des Spektrums zu liegt.

Was wollte Goethe eigentlich? Goethe wollte aus den komplizierten Phänomenen einfache heraussuchen, aber durchaus solche, mit denen er innerhalb dieser Grenze (siehe Zeichnung) stehenblieb, durch die er nicht hineinrollte in ein Gebiet, in das man nur durch träges Fortrollen, durch ein gewisses geistiges Beharrungsvermögen hineinkommt. So wollte Goethe innerhalb des Phänomenalismus stehenbleiben. Wenn man so innerhalb des Phänomenalismus stehenbleibt, und wenn man sein ganzes Denken daraufhin einrichtet, so stehenzubleiben, nicht dem Beharrungsvermögen, das ich charakterisiert habe, zu folgen, dann tritt in einer neuen Weise die alte Frage auf: Welche Bedeutung hat nun in dieser Welt, die ich so phänomenal betrachte, dasjenige, was ich aus Mechanik und Mathematik hineinbringe, was ich hineinbringe an Zahl, an Maß, an Gewicht oder an Zeitverhältnissen? Was hat denn das für eine Bedeutung?

Sie wissen ja vielleicht, daß eine neuere Auffassung dahin ging, dasjenige, was zunächst in den Phänomenen des Tones, der Farbe, der Wärme und so weiter lebt, das gewissermaßen nur subjektiv anzuschauen, dagegen die sogenannten primären Qualitäten der Dinge, das Räumliche, das Zeitliche, das Gewicht, als etwas nicht Subjektives, sondern Objektives, den Dingen Inhärierendes anzuschauen. Diese Anschauung, sie geht im wesentlichen auf den englischen Philosophen *Locke* zurück, und sie beherrscht bis zu einem hohen Grade auch die philosophischen Grundlagen des modernen naturwissenschaftlichen Denkens. Aber im Grunde genommen ist die Frage: Welche Stellung nimmt in unserem ganzen Wissenschaftssystem der äußeren Natur gegenüber die Mathematik, nimmt die Mechanik, die wir ja eigentlich aus uns selber herausspinnen – so sieht sich die Sache wenigstens zunächst an –, welche Stellung nehmen sie ein? Wir werden noch auf diese Frage zurückkommen müssen, indem wir die besondere Gestaltung, die diese Frage durch den Kantianismus angenommen hat, werden ins Auge fassen müssen. Aber ohne daß wir auf Historisches unmittelbar dabei eingehen, können wir doch betonen, daß wir ja instinktiv überzeugt davon sind, wenn wir die Dinge messen oder zählen, oder wenn wir ihr Gewicht bestimmen, daß wir dann etwas wesentlich anderes von der Außenwelt statuieren, als wenn wir die andern Qualitäten der Außenwelt den Dingen zuschreiben.

Es läßt sich ja doch nicht leugnen, daß Licht, Farben, Töne, Geschmacksempfindungen in einer andern Beziehung zu uns stehen als dasjenige, was wir in der Außenwelt so darstellen können, daß es den mathematisch-mechanischen Gesetzen unterliegt. Denn es ist doch immerhin eine bemerkenswerte Tatsache, die schon ins Auge gefaßt werden muß, daß – Sie wissen, Honig schmeckt süß, aber wenn einer gelbsüchtig ist, schmeckt er für ihn bitter –, so daß wir also sagen können, wir stehen schon in einer merkwürdigen Weise gegenüber diesen Qualitäten der Welt in dieser Welt darinnen, während wir nicht gut sagen können, daß irgendwie ein normaler Mensch ein Dreieck für ein Dreieck ansieht und ein Gelbsüchtiger es etwa für ein Viereck ansehen würde! Also Unterscheidungen sind schon da, und an diesen Unterscheidungen muß gelernt werden, aber es müssen nicht absurde Folgerungen daraus gezogen werden. Und in einer merkwürdig ungeklärten Weise steht bis zum heutigen Tage philosophisches Denken diesen Fundamentaltatsachen aller Erkenntnisentwickelung gegenüber. Da gewahren wir zum Beispiel, wie ein neuerer Philosoph, der Professor *Koppelmann*, in seinen «Weltanschauungsfragen» den Kant noch überkantet, indem er zum Beispiel sagt – Sie können das auf Seite 33 von Koppelmanns «Weltanschauungsfragen» lesen –: Alles dasjenige, was sich auf den Raum und die Zeit bezieht, wir müssen es innerlich erst mit dem Verstand konstruieren, während wir Farben und Geschmäcke unmittelbar in uns aufnehmen. Wir konstruieren das Tetraeder, das Oktaeder, das Dodekaeder und so weiter, wir können nur vermöge unserer Verstandeseinrichtung die gewöhnlichen regulären Körper konstruieren. Was Wunder – meint Koppelmann –, daß uns in der Welt nur diejenigen regulären Körper entgegentreten können, die wir durch unseren Verstand konstruieren können. – Und so finden Sie fast wörtlich bei Koppelmann den Satz: Es ist ausgeschlossen, daß einmal ein Geologe kommt und einen Kristall dem Geometer gibt, welcher von sieben gleichseitigen Dreiecken begrenzt ist, einfach aus dem Grunde – meint Koppelmann –, weil ein solcher Kristall eine Gestalt hätte, die in unseren Kopf nicht hineinginge. – Das ist «überkanten» des Kantianismus. Und da würde man sagen können, in der Welt des Dinges an sich könnten also unter Umständen allerdings solche Kristalle eventuell existieren, die von sieben regulären Dreiecken begrenzt wären, aber in unseren Kopf gehen sie nicht herein, daher gehen wir an ihnen vorbei, sie sind für uns nicht da.

Solche Denker vergessen nur das eine, sie vergessen – und das ist es, worauf wir scharf mit aller Beweiskraft im Verlaufe dieser Vorträge hinweisen wollen –, sie vergessen, daß unser Kopf aus denselben Gesetzmäßigkeiten des äußeren Daseins heraus konstruiert ist, aus denen wir die regulären Polyeder und so weiter konstruieren, und daß unser Kopf daher aus dieser seiner Konstruktion heraus keine andern Polyeder konstruiert als diejenigen, die draußen auch vorkommen. Denn, sehen Sie, das ist einer der Grundunterschiede zwischen den sogenannten subjektiven Qualitäten Ton, Farbe, Wärme, auch den verschiedenen Qualitäten des Tastsinnes und so weiter, und demjenigen, was uns in dem mechanisch-mathematischen Weltbilde entgegentritt. Das ist der Grundunterschied: Ton, Farbe, sie lassen uns selbst außer uns; wir müssen sie erst aufnehmen, wir müssen sie erst wahrnehmen. Wir stehen als Menschen außer Ton, Farbe, Wärme und so weiter. Mit der Wärme ist es nicht ganz so, das werde ich morgen zu besprechen haben, aber in einem gewissen Grade ist es auch mit der Wärme so. Sie lassen uns zunächst außer uns, und wir müssen sie wahrnehmen. Das ist bei Gestalt-, bei Raumverhältnissen, bei Zeitverhältnissen, bei Gewichtsverhältnissen nicht der Fall. Wir nehmen die Dinge räumlich wahr, aber wir sind selbst in demselben Raume und in die gleiche Gesetzmäßigkeit hineingestellt, in der die Dinge außer uns stehen. Wir stehen in der Zeit drinnen wie die äußeren Dinge. Wir beginnen unser physisches Leben in einem gewissen Zeitpunkte, enden es in einem Zeitpunkte. In Raum und Zeit stehen wir so drinnen, daß diese Dinge gleichsam durch uns hindurchgehen, ohne daß wir sie erst wahrnehmen. Die andern Dinge müssen wir erst wahrnehmen. Bezüglich des Gewichtes, nun ja, meine sehr verehrten Anwesenden, da werden Sie auch zugeben, daß das mit der Wahrnehmung, die ja ein wenig der Willkür unterliegt, nicht viel zu tun hat, denn sonst würde mancher, der durch seine Beleibtheit zu einem ihm unerwünschten Gewichte kommt, dieses vermeiden durch die bloße Erkenntnis, durch das bloße Wahrnehmungsvermögen. Meine sehr verehrten Anwesenden, auch in unseren Gewichtsverhältnissen werden wir schon ganz objektiv von der Welt aufgenommen, ohne daß wir durch dieselbe Organisation etwas dagegen machen können, durch die wir uns verbinden mit Farbe, Ton, Wärme und so weiter.

Und so müssen wir vor allen Dingen heute die Frage vor uns hinstellen: Wie kommt das mathematisch-mechanische Urteil überhaupt an uns heran? Wie kommen wir zu einer Mathematik, zu einer Mechanik, und wie kommt es, daß diese Mathematik und diese Mechanik anwendbar ist auf die äußere Natur, und wie kommt es, daß ein Unterschied ist zwischen den mathematisch-mechanischen Qualitäten der Dinge der Außenwelt und zwischen dem, was uns als die sogenannten

Sinnesqualitäten sogenannter subjektiver Natur entgegentritt, Ton, Farbe, Wärmequalitäten und so weiter?

Nun, diese Kardinalfrage, sie steht an dem einen Ende. Eine andere werden wir morgen noch entdecken. Dann werden wir die zwei Ausgangspunkte des Wissenschaftlichen haben. Wir werden uns dann weiterbewegen und an dem andern Ende die Bildung des sozialen Urteils finden.

DRITTER VORTRAG

Dornach, 29. September 1920

Wir haben gesehen, daß der Mensch gewissermaßen zu zwei Grenzscheiden kommt, wenn er versucht, von sich aus entweder tiefer in die Naturerscheinungen einzudringen, oder aber wenn er versucht, von dem Gesichtspunkte seines gewöhnlichen Bewußtseins tiefer hinabzudringen in sein eigenes Wesen, um gerade dadurch auch das eigentliche Wesen des Bewußtseins aufzufinden. Wir haben schon gestern darauf hingedeutet, was an der einen Grenze unseres Erkennens geschieht. Wir haben gesehen, daß der Mensch erwacht zum vollen Bewußtsein an seinem Wechselverkehr mit der äußeren physisch-sinnlichen Natur. Der Mensch würde mehr oder weniger ein verschlafenes Wesen sein, ein Wesen mit schläfriger Seele, wenn er nicht an der äußeren Natur erwachen könnte. Und im Grunde genommen geschieht im Laufe der geistigen Entwickelung der Menschheit nichts anderes, als daß sich allmählich vollzieht in dem Erringen von Wissen über die äußere Natur dasjenige, was sich jeden Morgen vollzieht, wenn wir aus dem Schlafe oder aus dem schlafenden Träumen uns an der Außenwelt entzünden zum vollen, wachen Bewußtsein. Im letzteren Falle haben wir es gewissermaßen mit einem Augenblick des Erwachens zu tun. Im Laufe der Menschheitsentwickelung hatten wir es zu tun mit einem allmählichen Erwachen, gewissermaßen mit einem Auseinandergezogensein des Erwachensmomentes.

Nun haben wir gesehen, daß da sehr leicht an dieser Grenze eine Art Trägheitskraft der Seele sich betätigt, daß wir gewissermaßen da, wo wir anstoßen an die ausgebreitete Welt der Phänomene, nicht wie der Phänomenalismus im Goetheschen Sinne das tun will, außen stehenbleiben und die Phänomene nur nach unseren errungenen klaren Vorstellungen, Begriffen und Ideen gewissermaßen zusammenfassen, systematisierend rationell beschreiben und so weiter, sondern daß wir noch eine Weile fortrollen hinter die Phänomene mit unseren Begriffen und Ideen und dadurch zur Statuierung einer Welt kommen, zum Beispiel einer Welt von hinterphysischen Atomen, Molekülen und so weiter, die dann im wesentlichen, wenn sie so errungen wird, eine ausgedachte Welt ist, eine Welt, hinter der sich sogleich der Zweifel einschleicht, so daß wir wiederum auflösen, was wir erst als ein theoretisches Gewebe gesponnen haben. Und wir haben gesehen, daß es möglich ist, im reinen Durcharbeiten der Phänomene selbst, im Phänomenalismus uns zu bewahren vor einem solchen Überschreiten der Grenze unseres Naturerkennens nach dieser Seite hin. Aber wir haben auch darauf aufmerksam machen müssen, daß an dieser Stelle unseres Erkennens auftaucht etwas, was sich dem Gebrauche mit einer unmittelbaren Lebensnotwendigkeit anbietet, das ist die Mathematik und dasjenige, was zum Beispiel in der Mechanik ohne Empirismus begriffen werden kann, also der ganze Umfang der sogenannten analytischen Mechanik.

Wenn wir ins Auge fassen alles dasjenige, was Mathematik umfaßt, was analytische Mechanik umfaßt, dann kommen wir zu den sichersten Begriffssystemen, mit denen wir in die Phänomene hineinarbeiten können. Allein, man kann sich doch nicht verhehlen – ich habe gestern schon darauf hingewiesen –, daß die ganze Art und Weise, wie wir uns mathematische Vorstellungen ausbilden und wie wir auch ausbilden Vorstellungen der analytischen Mechanik, daß diese innere Seelenarbeit eine durchaus andere ist als diejenige, die wir vollziehen, wenn wir aus der Erfahrung heraus, aus der Sinneserfahrung heraus experimentieren oder beobachten und die Tatsachen der Experimente oder die Ergebnisse der Beobachtungen zusammenfassen, eben das äußere Erfahrungswissen sammeln. Man sollte sich, damit man in diesen Dingen zur völligen Klarheit kommt, stark besinnen, denn einen andern Weg zur Klarheit gibt es auf diesem Felde nicht als den des starken Besinnens.

Welcher Unterschied ist zwischen dem Sammeln eines Erfahrungswissens etwa im *Bacon*schen Sinne und zwischen der innerlich die Dinge ergreifenden Art, wie es in der Mathematik und in der analytischen Mechanik der Fall ist? Man kann für die letztere geradezu eine scharfe Grenze ziehen gegenüber dem, was nicht auf solch innere Weise erfaßt ist, wenn man sich einfach den Begriff des Bewegungsparallelogramms und dann den Begriff des Kräfteparallelogramms klar bildet. Daß sich aus zwei voneinander unter einem Winkel abweichenden Bewegungen eine resultierende Bewegung ergibt, das ist ein Satz der analytischen Mechanik. Daß sich, wenn hier (a) eine Kraft wirkt

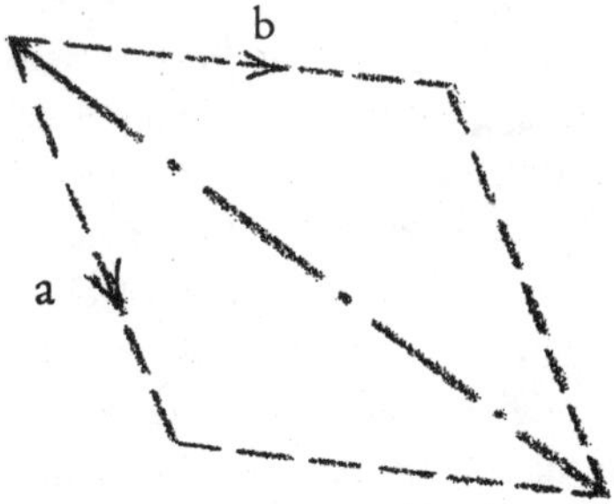

von einer bestimmten angebbaren Stärke und hier (b) eine Kraft wirkt von einer bestimmten angebbaren Stärke, sich eine resultierende Kraft ergibt, die auch nach diesem Parallelogramm feststellbar ist, das sind zwei voneinander ganz verschiedene Vorstellungsinhalte. Das Bewegungsparallelogramm gehört im strengen Sinne der analytischen Mechanik an, denn es läßt sich innerlich beweisen wie irgendein Satz der Mathematik, wie zum Beispiel der pythagoreische Lehrsatz oder irgendein anderer. Daß es das Kräfteparallelogramm gibt, kann nur ein Ergebnis der Erfahrung, des Experimentes sein. Da bringen wir in dasjenige, was wir innerlich verarbeiten, etwas hinein, die Kraft, die uns nur äußerlich durch Erfahrung, durch Empirie gegeben sein kann. Da also haben wir es schon zu tun mit der Erfahrungsmechanik, nicht mehr mit der rein analytischen Mechanik. Sie sehen, da kann man streng die Grenze ziehen zwischen dem, was im eigentlichen Sinn noch mathematisch ist, so wie man Mathematik heute noch aufzufassen hat, und dem, was in die gewöhnliche Sinnesempirie hinüberführt.

Nun steht man vor dieser Tatsache der Mathematik als solcher. Wir fassen die mathematischen Wahrheiten auf. Wir bringen die mathematischen Erscheinungen auf gewisse Axiome zurück. Wir bauen uns dann das ganze Gewebe der Mathematik aus diesen Axiomen auf, und wir stehen gewissermaßen vor einer im Anschauen, aber inneren Anschauen ergriffenen Architektonik. Und wir müssen, wenn wir imstande sind, durch starke Besinnung eine scharfe Grenze zu ziehen gegenüber allem äußerlich Erfahrbaren, in diesem mathematischen Gewebe etwas sehen, was durch eine ganz andere Seelentätigkeit zustande kommt, als diejenige ist, durch welche wir äußerlich sinnlich erfahren und auffassen. Daß wir, ich möchte sagen, wiederum durch eine innerliche Erfahrung diesen Unterschied genau machen können, davon hängt im Grunde genommen ungeheuer viel für ein befriedigendes Weltbegreifen ab. Wir müssen also fragen: Woher kommt uns die Mathematik? Und diese Frage, die wird eben gegenwärtig noch immer nicht scharf genug gestellt. Man frägt nicht: Wie ist verschieden diese innere Seelentätigkeit, die wir in der Mathematik, im Aufbau der Mathematik, in dieser wunderbaren Architektonik brauchen, wie ist verschieden diese Seelenfähigkeit von derjenigen Seelenfähigkeit, durch die wir durch äußere Sinne die physisch-sinnliche Natur auffassen? Und man stellt und beantwortet diese Frage nicht in genügendem Maße heute, weil es die Tragik der materialistischen Weltanschauung ist, daß sie, während sie auf der einen Seite zur sinnlich-physischen Erfahrung hindrängt, auf der andern Seite wiederum hingetrieben wird, ohne daß sie es weiß, in einen abstrakten Intellektualismus, in ein abstraktes Wesen, durch das man gerade entfernt wird von einem wirklichen Ergreifen der Tatsachen der materiellen Welt.

Was ist es denn, was wir als eine Fähigkeit ausbilden, indem wir mathematisieren? Diese Frage wollen wir einmal stellen. Es muß, wenn man diese Frage beantworten will, eines, glaube ich, ganz in uns als Verständnis aufgegangen sein. Das ist auf der einen Seite: Wir müssen es auch im Menschenleben mit dem Begriff des Werdens ernst nehmen, das heißt, wir müssen ausgehen von dem, was gerade im hohen Grade disziplinierend ist an der modernen Naturwissenschaft, wir müssen uns an dem erziehen und müssen gewissermaßen das, was wir an strenger Methode, an wissenschaftlicher Disziplin uns anerzogen haben in der Naturwissenschaft der neueren Zeit, wir müssen das über diese Naturwissenschaft selber hinauszutreiben wissen, so daß wir in höhere Gebiete aufsteigen mit derselben Gesinnung, die wir in der Naturwissenschaft haben, aber mit Ausdehnung der Methoden auf ganz andere Gebiete. Ich glaube deshalb auch nicht und sage das ganz unumwunden, daß zu einem wirklichen geisteswissenschaftlichen Erkennen derjenige kommen kann, der nicht im strengen Sinne des Wortes eine naturwissenschaftliche Disziplin sich erworben hat, der nicht forschen und denken gelernt hat in den Laboratorien und durch die Methode der neueren Naturwissenschaft. Am allerwenigsten hat Geisteswissenschaft Veranlassung, diese neuere Naturwissenschaft zu unterschätzen. Im Gegenteil, sie weiß sie völlig zu schätzen. Und mir selber – wenn ich diese persönliche Bemerkung machen darf – nehmen es ja viele Leute reichlich übel, daß ich, bevor ich eigentlich Geisteswissenschaftliches veröffentlicht habe, zunächst manches geschrieben habe gerade über naturwissenschaftliche Probleme in derjenigen Beleuchtung, die mir notwendig zu sein schien. Also es handelt sich darum, daß wir uns auf der einen Seite diese naturwissenschaftliche Gesinnung aneignen, damit sie fortwirkt, wenn wir über die Grenzen des Naturerkennens hinauskommen. Und zweitens müssen wir uns sogar die Qualität dieses Naturerkennens beziehungsweise der Ergebnisse dieses Naturerkennens recht sehr ernst werden lassen.

Sehen Sie, wenn wir die ganz einfache Erscheinung nehmen, daß wir einen Körper mit einem andern reiben und Wärme zum Vorschein kommt, so sagen wir in der Naturwissenschaft gegenüber einem solchen vorliegenden Teilphänomen nicht: Diese Wärme ist aus dem Nichts heraus entstanden, oder diese Wärme ist einfach da –, sondern wir suchen nach den Bedingungen, unter denen diese Wärme latent gewesen ist vorher und dann durch die Körper gewissermaßen zum Vorschein gekommen ist. Wir gehen da von einer Erscheinung zur andern über und nehmen das Werden ernst. So müssen wir es auch machen, wenn wir einen Begriff in die Geisteswissenschaft hineinbringen wollen. Und so müssen wir uns zunächst fragen: Ist denn dasjenige, was Mathematisieren ist, im Menschen immer da, insofern er sein Dasein durchlebt zwischen der Geburt und dem Tode? – Nein, es ist nicht immer da. Das Mathematisieren erwacht erst. Und zwar können wir – und dabei bleiben wir auch noch innerhalb der Empirie gegenüber der äußeren Welt stehen – ganz genau beobachten, wie allmählich diejenigen Seelenfähigkeiten gewissermaßen aus dem dunklen Untergrunde des menschlichen Bewußtseins heraus erwachen, die sich dann gerade im

Mathematisieren und in Ähnlichem, was wie das Mathematisieren ist, von dem wir gleich nachher sprechen wollen, äußern. Dieser Zeitpunkt, wenn man ihn nur genau und ordentlich ins Auge zu fassen vermag, wenn man ihn nur so behandelt, wie die Naturforschung zum Beispiel die Erscheinung des Schmelzpunktes oder des Siedepunktes behandelt, dieser Zeitpunkt liegt etwa in derjenigen Lebensepoche, in der das Kind die Zähne wechselt, in der aus den Milchzähnen die zweiten Zähne werden. Man muß nur solch einen Lebensentwickelungspunkt aus derselben Gesinnung heraus ins Auge fassen, wie man zum Beispiel in der Physik gelernt hat, den Schmelzpunkt oder den Siedepunkt zu behandeln. Man muß sich die Fähigkeit erwerben, ins Komplizierte des Menschenlebens hinein diese strenge innere Disziplin zu tragen, die man sich aus den einfachen physikalischen Phänomenen, indem man sie im Sinne der neueren Wissenschaft beobachtet, erwerben kann. Und wenn man das tut, dann sieht man, daß in der menschlichen Entwickelung von der Geburt an, oder sagen wir besser von der Empfängnis an, bis zu diesem Punkte des Zahnwechsels sich zwar allmählich aus der Organisation herausarbeiten die Seelenfähigkeiten, die dann mathematisieren, aber sie sind eben noch nicht da. Und so wie wir sagen, daß die Wärme, die latent ist in einem Körper und in einem bestimmten Zustande zum Vorschein kommt, früher in dem Körper, in der inneren Struktur des Körpers gearbeitet hat, so müssen wir uns klar sein darüber, daß dasjenige, was als Fähigkeit des Mathematisierens in der Zeit des Zahnwechsels besonders stark, allmählich aber in gewissem anderem Sinne zum Vorscheine kommt, daß das früher in der Organisation des Menschen drinnen gearbeitet hat. Und so bekommen wir einen merkwürdigen, bedeutsamen Begriff über dieses Mathematisieren, im weitesten Sinne natürlich. Wir bekommen den Begriff, daß dasjenige, was wir als Seelenfähigkeit nach dem Zahnwechsel als Menschen anwenden, daß das vorher in uns organisierend wirkt. Ja, in dem Kinde bis zum siebenten Jahre ungefähr ist eine innere Mathematik, eine innere Mathematik, die nun nicht so abstrakt ist wie unsere äußere, sondern die kraftdurchsetzt ist, die, wenn ich diesen Ausdruck Platos gebrauchen darf, nicht nur angeschaut werden kann, sondern die lebensvoll tätig ist. Es existiert in uns etwas bis zu diesem Zeitpunkte, das mathematisiert, das uns innerlich durchmathematisiert.

Wenn wir zunächst, ich möchte sagen, ganz oberflächlich fragen nach dem, was uns da empirisch zutage tritt, wenn wir gewissermaßen auf die latente Mathematik sehen in dem jugendlichen Kindeskörper, dann werden wir geführt auf drei Dinge, die nach innen zu sinnesähnlich sind. Wir werden noch im Laufe der Vorträge sehen, daß wir wirklich da auch von Sinnen sprechen können. Heute will ich nur dieses andeuten, daß wir auf etwas kommen, was nach innen zu ein solches Wahrnehmungsvermögen entwickelt, das uns nur in den ersten Jahren unbewußt bleibt, wie die Augen, die Ohren nach außen ein Wahrnehmungsleben entwickeln. Und wir können, wenn wir da in unser Inneres, aber in das Innere der Organisation sehen, nicht nach dem Muster der nebulosierenden Mystiker, sondern mit voller Macht und Erkenntnis hinschauen auf dieses menschliche Innere, dann können wir drei sinnesähnliche Funktionen, möchte ich sagen, finden, durch die eine Tätigkeit ausgeübt wird, in gewissem Sinne mathematisierend, gerade in den ersten Lebensjahren. Das ist erstens dasjenige, was ich den Lebenssinn nennen möchte. Dieser Lebenssinn, er äußert sich im späteren Leben als eine Gesamtempfindung unseres Inneren. Wir fühlen uns in einer gewissen Weise wohl oder nicht wohl. Wir fühlen uns behaglich oder unbehaglich, geradeso wie wir ein Wahrnehmungsvermögen durch die Augen nach außen haben, so haben wir ein Wahrnehmungsvermögen nach innen. Nur ist dieses Wahrnehmungsvermögen gewissermaßen auf den ganzen Organismus gerichtet, ist dadurch dumpf und dunkel, aber es ist da. Wir werden darüber noch einiges zu sprechen haben. Jetzt will ich nur Späteres vorausnehmend sagen, daß dieser Lebenssinn – wenn ich die Tautologie gebrauchen darf – in der Vitalität des Kindes ganz besonders tätig ist bis zum Zahnwechsel hin.

Und ein Zweites, auf das wir Rücksicht nehmen müssen, wenn wir so ins Innere des Menschen hineinschauen, das ist dasjenige, was ich den Bewegungssinn nennen möchte. Wir müssen uns von diesem Bewegungssinn eine klare Vorstellung bilden. Wenn wir unsere Glieder bewegen, so wissen wir davon nicht nur dadurch, daß wir uns etwa äußerlich anschauen, sondern wir haben ein innerliches Wahrnehmen von der Bewegung der Glieder. Auch wenn wir gehen, so haben wir nicht nur ein Bewußtsein von unserem Gehen dadurch, daß wir an den Gegenständen vorübergehen und sich uns der Anblick der Außenwelt verändert, sondern wir haben eine innerliche Wahrnehmung von der Bewegung der Glieder, von Veränderungen in uns, indem wir uns bewegen. Wir achten nur gewöhnlich nicht darauf, weil wir durch die Stärke der Eindrücke der Außenwelt dasjenige, was da innerlich parallel geht an innerem Erleben, an innerem Wahrnehmen, nicht beachten, so wie ein kleines Licht in seiner Stärke durch ein großes Licht ausgelöscht wird.

Und ein Drittes, nach innen Gehendes, ist der Gleichgewichtssinn.

1. Lebenssinn
2. Bewegungssinn
3. Gleichgewichtssinn

Dieser Gleichgewichtssinn, er ist in uns dasjenige, wodurch wir uns in einer gewissen Weise in die Welt hineinstellen, nicht umfallen, in einer gewissen Weise wahrnehmen, wie wir uns in Harmonie bringen mit den Kräften unserer Umgebung. Und dieses In-Harmonie-Bringen mit den Kräften unserer Umgebung nehmen wir innerlich wahr. So daß wir wirklich sagen können, wir tragen in uns diese drei inneren Sinne: Lebenssinn, Bewegungssinn, Gleichgewichtssinn. Sie sind in ganz besonderem Maße in dem kindlichen Alter tätig bis zum Zahnwechsel hin. Es verglimmt ihre Tätigkeit gegen den Zahnwechsel hin. Aber beobachten Sie – nur um ein Beispiel herauszugreifen – den Gleichgewichtssinn, beobachten Sie, wie das Kind, indem es sein Leben beginnt, noch gar nichts hat, was ein Ergreifen der Gleichgewichtslage, die es braucht für das Leben, darbieten würde. Bedenken Sie, wie das Kind sich allmählich erfängt, wie es zuerst auf allen vieren kriechen lernt, wie es erst allmählich durch den Gleichgewichtssinn dahin kommt, zu stehen, zu gehen, wie es dahin kommt, sich selber im Gleichgewichte zu erfassen.

Wenn Sie nun diesen ganzen Umfang desjenigen, was vorgeht zwischen der Empfängnis und dem Zahnwechsel, erfassen, so sehen Sie darinnen ein starkes Arbeiten dieser drei inneren Sinne. Und wenn Sie dann durchschauen dasjenige, was da geschieht, dann merken Sie, daß im Gleichgewichtssinn und im Bewegungssinn sich nichts anderes abspielt, als ein lebendiges Mathematisieren. Und damit es lebendig ist, deswegen ist eben der Lebenssinn dabei, der es durchlebendigt. So sehen wir innerlich gewissermaßen latent eine ganze Mathematik an dem Menschen tätig sein, die dann nicht etwa ganz abstirbt mit dem Zahnwechsel, aber die wesentlich weniger deutlich wird für das spätere Leben. Das, was da innerlich im Menschen tätig ist durch Gleichgewichtssinn, durch Bewegungssinn, durch Lebenssinn, das wird frei. Die latente Mathematik wird eine freie, wie die latente Wärme eine freie Wärme werden kann. Und wir sehen dann, wie dasjenige, was als Seelisches zunächst den Organismus durchwoben hat, durchseelt hat, wie das als Seelenleben frei wird, wie die Mathematik aufsteigt als Abstraktion aus dem Zustande, in dem sie zuerst konkret im menschlichen Organismus gearbeitet hat. Und wir gehen dann von dieser Mathematik, weil wir ja den räumlichen und den Zeitverhältnissen nach als Mensch ganz eingespannt sind in das Gesamtdasein, wir gehen dann, nachdem wir freigemacht haben diese Mathematik, mit ihr an die Außenwelt heran und erfassen die Außenwelt mit demjenigen, was bis zum Zahnwechsel in uns gearbeitet hat. Sie sehen, es ist nicht ein Verleugnen der Naturwissenschaft, es ist nur ein Weiterführen der Naturwissenschaft, was da zustande kommt, wenn man recht betrachtet dasjenige, was in Geisteswissenschaft als Gesinnung und als Wille leben soll.

Und nun tragen wir also über die Grenze der sinnlichen Wahrnehmung hinaus dasjenige, was aus uns selber kommt. Werdend betrachten wir den Menschen. Wir betrachten nicht einfach Mathematik auf der einen Seite, sinnliche Erfahrung auf der andern Seite, sondern wir betrachten das Entstehen der Mathematik in dem werdenden Menschen. Und jetzt komme ich allerdings zu dem, was dann im eigentlichen Sinne ins Geisteswissenschaftliche hineinführt. Sehen Sie, wir müssen sagen, es wird zuletzt eine Abstraktion, was wir da aus dem Inneren herausarbeiten, dieses Mathematisierende. Allein es braucht nicht eine Abstraktion für unser Erleben zu bleiben. In unserer Zeit ist aller dings wenig Gelegenheit dazu vorhanden, das Erleben des Mathematischen in einem rechten, wahren Lichte zu sehen. Aber an einer bedeutsamen Stelle unserer abendländischen Zivilisation tritt doch zutage etwas von diesem Spüren eines besonderen Geistes in der Mathematik. Das ist da, wo *Novalis,* der Dichter Novalis, der ja während seiner akademischen Bildung eine gute mathematische Schulung sich angeeignet hatte, wo er – Sie können es nachlesen in seinen Fragmenten – über Mathematik redet. Er nennt die Mathematik ein großes Gedicht, ein wunderbares, großes Gedicht.

Man muß einmal nachempfunden haben, was einen von dem abstrakten Erfassen der geometrischen Formen treiben kann zu dem bewundernden Empfinden der inneren Harmonie, die in diesem Mathematisieren liegt. Man muß die Möglichkeit gehabt haben, von jener kalten, nüchternen Tätigkeit, die viele sogar an der Mathematik hassen, sich hindurchgerungen zu haben, ich möchte sagen in Novalisscher Weise, zu dem Bewundern der inneren Harmonie und – wenn ich den Ausdruck gebrauchen darf, den Sie ja jetzt hier öfter aus einem ganz andern Gebiete heraus gehört haben – des Melos der Mathematik.

Da mischt sich in das mathematische Erleben etwas Neues hinein. Da mischt sich in das mathematische Erleben, das sonst rein intellektualistisch ist, bildlich gesprochen bloß unseren Kopf interessiert, da mischt sich etwas hinein, was nun den ganzen Menschen in Anspruch nimmt und was im Grunde genommen bei solch jugendlich gebliebenen Geistern wie Novalis nichts anderes ist als ein Fühlen der Tatsache: Was du da als mathematische Harmonien erschaust, womit du die Phänomene des Weltenalls durchwebst, das ist ja im Grunde genommen nichts anderes, als was dich gewoben hat während der ersten Zeit deiner kindlichen Entwickelung hier auf der Erde. – Das heißt konkret fühlen den Zusammenhang des Menschen mit dem Kosmos. Und wenn man sich so durcharbeitet durch ein inneres Erleben, das manche für ein bloßes Phantasiegebilde halten, weil sie es eben nicht in Wirklichkeit durchgemacht haben, wenn man sich so durchringt durch ein solches Erleben, dann bekommt man einen Begriff von dem, was der Geistesforscher erlebt, wenn er sich durch jene innere Entwickelung, von der ich auch noch Andeutungen geben werde, die Sie im

Ganzen geschildert finden in meinem Buche «Wie erlangt man Erkenntnisse der höheren Welten?», wenn er sich durch eine solche innere Empfindung erhebt zu einer weiteren inneren Erfassung dieses Mathematisierens. Denn dann geht die Seelenfähigkeit, die sich in diesem Mathematisieren äußert, in eine viel umfassendere über. Dann wird sie etwas, was so exakt bleibt wie das mathematische Denken, was aber nun nicht mehr aus der Intellektualität oder aus dem intellektuellen Anschauen allein heraus kommt, sondern was aus dem ganzen Menschen heraus kommt. Dann lernt man auf diesem Wege, aber immer innerlich arbeitend, an einer härteren inneren Arbeit, als diejenige ist, die im Laboratorium oder auf der Sternwarte oder in einer andern wissenschaftlichen Stätte verrichtet wird, dann lernt man dasjenige erkennen, was der Mathematik, diesem einfachen menschlichen Seelengewebe zugrunde liegt, was aber erweitert werden kann und etwas viel Umfassenderes werden kann. Man lernt an der Mathematik erkennen, was Inspiration ist. Man lernt erkennen, worauf der Unterschied beruht zwischen dem, wie Mathematik in uns lebt, und wie die äußere Empirie in uns lebt. Bei der äußeren Empirie haben wir die Sinneseindrücke, die uns die leeren Begriffe mit Inhalt erfüllen. Bei der Inspiration haben wir ein inneres Geistiges, das schon die Mathematik durchzieht, wenn wir diese Mathematik nur richtig erfassen, das lebt, das uns während unserer kindlichen Jahre als Geistiges organisierend durchlebt und durchwebt. Es bleibt das im Menschen. Aber wir erfahren es dadurch, daß wir mathematisieren, auf einem Teilgebiete. Wir lernen auffassen, daß die Art, wie wir uns der Mathematik bemächtigen, auf einer Inspiration beruht, und wir können dann in geistesforscherischer Entwickelung diese Inspiration selbst erleben. Wir bekommen Inhalt auf eine andere Weise als durch äußere Erfahrung in unsere Vorstellungen, in unsere Begriffe hinein. Wir können uns inspirieren mit demjenigen aus der geistigen Welt, das in uns arbeitet während unserer kindlichen Jahre. Das, was da in uns arbeitet während unserer kindlichen Jahre, ist Geist. Aber es steckt im menschlichen Leibe, und es muß durch den menschlichen Leib am Menschen angeschaut werden. Es kann in seiner reinen, freien Gestalt angeschaut werden, wenn man sich durch das inspirierende Vermögen nicht nur erwirbt zu denken in mathematischen Begriffen, sondern anzuschauen dasjenige, was da lebt als ein Reales, indem es uns durchorganisiert bis zu unserem siebenten Jahre. Und es kann – wie gesagt, ich werde von den geisteswissenschaftlichen Methoden noch sprechen – das angeschaut werden, was auf einem Teilgebiete in der Mathematik lebt, was an einem viel weiteren Gebiete uns sich offenbart durch Inspiration. Man erwirbt sich dann nicht nur neue Ergebnisse zu den alten Erkenntniskräften, wenn man zu dieser Inspiration aufrückt, sondern man erwirbt sich dabei die Möglichkeit, neu anzuschauen. Man erwirbt sich neue inspirierende Erkenntnisse. Die Menschheitsentwickelung ist so, daß diese inspirierenden Erkenntniskräfte im Laufe der Zeit etwas zurückgetreten sind, nachdem sie innerhalb der menschlichen Entwickelung schon in einem sehr hohen Maße einmal vorhanden gewesen sind. Wenn man nämlich erkennen gelernt hat, wie entsteht im inneren Menschenwesen dasjenige, was Inspiration ist, was uns Abendländern in einem gewissen Sinne, nur bis zum Intellektualismus verdünnt, in der Mathematik geblieben ist, was aber erweitert werden kann, wenn man dieses vollständig innerlich durchschaut, dann erst versteht man, was gelebt hat in jener Weltanschauung, deren Reste uns eigentlich nur aus dem Oriente herüberkommen, deren Reste für den Abendländer so schwer verständlich sind, was gelebt hat in der Vedantaphilosophie und in den andern Philosophien des Orients. Denn, was war denn eigentlich dasjenige, das in diesen Philosophien des Orients gelebt hat? Es war etwas, was durch Seelenfähigkeiten mathematischer Art zustande gekommen ist. Es war eine Inspiration. Es war nur nicht Mathematik, sondern es war etwas, was nach dem Muster des Mathematisierens innerlich seelisch errungen worden ist. Deshalb möchte ich sagen: Die mathematische Atmosphäre, die ausfließt aus dem, was die Gedanken der Vedantaphilosophie und ähnlicher philosophischer Weltanschauungs-Vorstellungen des alten Orients sind, die man aber eben, um das zu erkennen, erfassen muß von dem Gesichtspunkte aus, den man sich erwirbt, wenn man selber wiederum in die Inspiration einmündet, wenn man dasjenige, was unbewußt im Mathematisieren und in der mathematisierenden Naturwissenschaft getrieben wird, in sich lebendig macht und es auf ein weiteres Gebiet bringen kann, diese mathematische Atmosphäre schwebte *Goethe* vor. – Goethe hat bescheiden gestanden, daß er im gewöhnlichen Sinne eine mathematische Kultur nicht habe. Goethe hat seine Beziehung zur Mathematik in sehr interessanten Abhandlungen, die Sie in seinen naturwissenschaftlichen Schriften lesen können in der Aufsatzreihe «Verhältnis zur Mathematik», behandelt. Außerordentlich interessant! Denn trotzdem Goethe bescheiden gesteht, daß er ein eigentliches mathematisches, geschicktes Handhaben der mathematischen Begriffe und Anschauungen nicht hat, sich nicht erworben habe, so verlangt er doch eines, er verlangt einen Phänomenalismus, wie er ihn geübt hat in seinen naturwissenschaftlichen Betrachtungen. Er verlangt zurückzugehen von den sekundären Erscheinungen, die uns zunächst in der Außenwelt entgegentreten, zu dem Urphänomen. Aber was für ein Zurückgehen verlangt er? Er verlangt ein solches Zurückgehen zu den Urphänomenen, wie es der Mathematiker übt, wenn er von den komplizierteren Gebilden des äußeren Anschauens zu dem Axiom zurückgeht. Die Urphänomene sollen die empirischen Axiome, die erfahrbaren Axiome sein.

Und so verlangt Goethe, gerade mit echt mathematischem Geiste, ein inneres Hineintragen der Mathematik in die Phänomene. Und er spricht das aus, indem er sagt: Wir suchen die Urphänomene, indem wir uns bewußt sind, daß wir sie so suchen müssen, daß wir im strengsten Sinne dem Mathematiker nach seiner Gesinnung dafür Rechenschaft ablegen können. – Was Goethe also sucht, das ist ein modifiziertes, ein metamorphosiertes Mathematisieren, ein Hineintragen des Mathematisierens in die Phänomene. Dies verlangt er als eine naturwissenschaftliche Tätigkeit.

Damit hat Goethe einiges Licht gebracht in den einen Pol, der sich sonst so finster ausnimmt, wenn wir den bloßen Materiebegriff statuieren. Wir werden sehen, wie Goethe an diesen einen Pol gekommen ist, wie wir Moderne aber versuchen müssen, an den andern Pol, an den Bewußtseinspol zu kommen. Wir werden auf der andern Seite nun ebenso suchen müssen, wie Seelenfähigkeiten sich tätig erweisen in der menschlichen Wesenheit, wie sie aus der Natur des Menschen herauswachsen und sich äußerlich betätigen. Wir werden das suchen müssen.

Wir werden dann sehen, daß gegenübergestellt werden müßte dem, was Goethesche Phänomenologie ist als Erfassung der Außenwelt, ein ebensolches Erfassen der menschlichen Bewußtseinswelt, ein Erfassen, das nun im strengsten Sinne eine solche Rechenschaft ablegen will wie Goethe der Mathematik gegenüber, ein Erfassen, wie ich es in bescheidener Weise versucht habe in meiner «Philosophie der Freiheit».

So stehen am Materienpole diejenigen Ergebnisse, die aus dem Goetheanismus stammen, am Bewußtseinspole diejenigen Ergebnisse, die gefunden werden können auf dem methodischen Wege, auf dem ich versuchte, in bescheidener Weise meine «Philosophie der Freiheit» aufzubauen.

Davon wollen wir dann morgen weiter sprechen.

VIERTER VORTRAG

Dornach, 30. September 1920

Unsere Betrachtungen sind gestern darauf hinausgelaufen, daß ein gewisses Verstehen stattfinden müsse nach der einen Grenze des Naturerkennens hin, daß wir stehenzubleiben haben innerhalb der Phänomene und diese Phänomene zu durchsetzen haben, gewissermaßen zu lesen haben mit demjenigen, was sich in unserem Bewußtsein an diesen Phänomenen entzündet, mit unseren Begriffen, Ideen und so weiter. Es hat sich uns als das reinste, in sich durchsichtigste Gebiet dieser Ideen das mathematische und das der analytischen Mechanik ergeben, und wir mußten zuletzt unsere Betrachtungen darinnen gipfeln lassen, daß eine wirkliche Selbstbesinnung zeigte, wie alles dasjenige, was in unserer Seele präsent wird als mathematischer Inhalt, als Inhalt der analytischen Mechanik, im wesentlichen auf Inspiration beruht, und wir konnten dann hindeuten, wie die Ausbreitung dieses Inspirationsimpulses zu merken ist in der alten orientalischen Vedantaphilosophie, wie aus demselben Geist heraus, aus dem eigentlich bei uns nur mehr die Mathematik und die analytische Mechanik entspringen, die so feingeistige Anschauung der Vedantaphilosophie gewonnen ist. Und wir konnten dann darauf hinweisen, wie *Goethe* bei der Begründung seiner Art des Phänomenalismus innerhalb der Phänomene nach Urphänomenen strebt, und daß sein Gang von den komplizierten Phänomenen zu den Urphänomenen seelisch derselbe Gang ist wie der in der Mathematik von den komplizierteren Anschauungen zu den Axiomen hin. So daß Goethe, der von sich selbst sagte, er habe äußerlich keine mathematische Kultur, das Wesen des Mathematischen doch so klar empfand, daß er für seine Phänomenologie verlangte, gegenüber der Statuierung der Urphänomene so vorzugehen, daß man dem strengsten Mathematiker Rechenschaft ablegen könne. Das ist ja auch das Anziehende für einen abendländischen Geist an der Vedantaphilosophie, daß sie in ihrem innerlichen Gefüge, in ihrem Übergehen von Anschauung zu Anschauung sich so offenbart, wie die strenge innere Notwendigkeit auch sich offenbart in dem Mathematischen und in dem Analytisch-Mechanischen. Daß diese Dinge nicht so recht innerhalb unseres offiziellen Studiums der Vedantaphilosophie zum Vorschein kommen, das rührt einfach davon her, daß es in unserer Zeit nicht genug universell gebildete Menschen gibt. Diejenigen, die zumeist dasjenige treiben, was sie dann in die orientalische Philosophie hineinführt, die haben zu wenig Anschauung – wie gesagt, Goethe hatte sie – von dem eigentlichen Gefüge des Mathematischen. Sie können daher gar nicht begreifen, welches der eigentliche Lebensnerv dieser orientalischen Philosophie ist. Und so konnten wir nach der einen, nach der Materieseite hinweisen, wie zunächst das Verhalten des Seelischen sein muß, wenn wir nicht jenes Penelope-Gewebe erhalten wollen, das in den letzten Jahrhunderten als naturwissenschaftliche Anschauung gesponnen worden ist, sondern wenn wir etwas erhalten wollen, das feststeht in sich selber, das gewissermaßen seinen Schwerpunkt in sich selber hat.

Auf der andern Seite steht, wie ich schon gestern andeutete, das Bewußtseinsproblem. Wenn wir durch ein einfaches Hineinbrüten in unser seelisches Innere, wie es die nebulosierenden Mystiker tun, dieses Bewußtsein in seinem Inhalt erforschen wollen, dann kommen wir im Grunde genommen auf nichts anderes als auf die Reminiszenzen innerhalb dieses Bewußtseins, die sich angehäuft haben im Verlaufe unseres Lebens seit der Geburt, seit unserer Kindheit. Das kann empirisch leicht gezeigt werden. Man braucht nur daran zu denken, wie ein in äußerer Naturwissenschaft gut gebildeter Mann beschreibt, gerade um das Reminiszenzenhafte dieses sogenannten Innenlebens anzudeuten, wie er beschreibt, daß er einmal vor einem Bücherladen stand. Er sah in diesem Bücherladen ein Buch. Es fiel ihm auf durch seinen Titel. Es handelte über niedere Tiere. Und siehe da, er mußte, indem er dieses Buch anschaute, lächeln. Nun denke man sich, wie er selbst erstaunt sein kann, ein ernster Professor der Naturwissenschaft, der einen ernsten Büchertitel sieht im Bücherladen, über niedere Tiere noch dazu, und der lächeln muß! Da kam er auf den Gedanken, woher dieses Lächeln denn eigentlich kommen möge. Er konnte auf nichts kommen zunächst. Da fiel ihm ein: Ich mache die Augen zu. – Und siehe da, als er die Augen zumachte und es finster war um ihn herum, da hörte er ganz in der Ferne ein musikalisches Motiv, und dieses musikalische Motiv, das erinnerte ihn jetzt erst in diesem Augenblicke an jene Tanzmusik, die er – er war damals, als er die Beobachtung machte, schon ein alter Knabe – einmal hörte, als er sein erstes Tänzchen aufführte. Und er kam dann darauf, wie ja selbstverständlich jetzt in seinem Unterbewußtsein nicht nur lebt dieses musikalische Motiv, sondern wohl auch ein wenig die Partnerin, mit der er dazumal herumgehopst ist, und wie das, was er für sein gewöhnliches Bewußtsein längst vergessen hatte, was er überhaupt niemals so stark aufgenommen hatte, daß es für das ganze Leben hätte nach seiner Ansicht bestimmt sein können, wie das Ganze als Vorstellungskomplex da heraufkam. Und in dem Augenblicke, wo er ein ernstes Buch anschaute, kam ihm auch nicht zum Bewußtsein, daß ganz in der Ferne ein Leierkasten eben tönte. Selbst die Töne dieses Leierkastens blieben ihm in diesem Momente noch im Unterbewußtsein. Erst als er die Augen zumachte, kamen sie herauf.

Nun, so kommt manches herauf, was in unserem Bewußtsein bloß als Lebensreminiszenz vorhanden ist. Und dann kommen manchmal die nebulosierenden Mystiker und erzählen uns, wie sie in ihrem Inneren einen tiefen Zusammenhang mit dem göttlichen Urprinzip der Dinge erkennen, wie aus ihrem Inneren herauf ein höheres Erlebnis, eine Wiedergeburt der menschlichen Seele ertönt. Und da werden mystische Gewebe gesponnen, und es ist nichts anderes als die vergessene Melodie des Leierkastens. Sie können eine große Prozentzahl der mystischen Literatur auf dieses Konto der vergessenen Melodie des Leierkastens setzen.

Das ist gerade dasjenige, was wir brauchen in einer wirklichen Geisteswissenschaft, daß wir Besonnenheit und Präzision genug dazu haben, nicht alles mögliche, was nur als Reminiszenz aus dem Unterbewußtsein heraufkommt, als Mystik auszuposaunen, als irgend etwas, was irgendeine objektive Geltung beanspruchen könnte. Gerade der Geisteswissenschafter braucht, wenn er nach dieser Richtung zu wirklich fruchtbringenden Resultaten kommen will, im höchsten Maße innerlich Klarheit, gerade dann braucht er innerlich Klarheit, wenn es sich darum handelt, hinunterzusteigen in die Tiefen des Bewußtseins, um da herauszuholen Anschauungen darüber, was eigentlich dieses Bewußtsein ist. Es muß schon hinuntergestiegen werden in die Tiefen dieses Bewußtseins, indem man zugleich kein Dilettant ist auf diesem Gebiete, sondern volle Sachkenntnis hat über alles dasjenige, was Psychopathologie, was Psychologie, was Physiologie bis heute hervorgebracht haben, damit man unterscheiden könne dasjenige, was unberechtigt zum Anspruch auf geisteswissenschaftliche Statuierung ist, von demjenigen, was aus derselben Disziplin hervorgeht, wie zum Beispiel die Mathematik oder die analytische Mechanik.

Zu diesem Zwecke versuchte ich bereits im vorigen Jahrhundert den andern Pol in bescheidener Weise zu charakterisieren, den Pol des Bewußtseins gegenüber dem Materiepol. Der Materiepol erforderte eine Ausgestaltung der Goetheschen Naturanschauung. Der Bewußtseinspol war nicht so leicht einfach aus dem Goetheanismus heraus zu erreichen, aus dem einfachen Grunde, weil Goethe kein Trivialling war, auch kein Gefühlstrivialling dann, wenn es sich darum handelte, zur Erkenntnis vorzudringen, sondern weil er mitbrachte all diejenige Ehrfurcht, welche notwendig ist, wenn man sich den wirklichen Quellen des Erkennens nähern will. Und so hat denn Goethe, der mehr auf die äußere Natur hin organisiert war, gerade vor dem ein gewisses Zurückschrecken gefühlt, was hinunterleiten soll in die Tiefen des Bewußtseins selber, vor einem bis zu seiner höchsten, reinsten Ausgestaltung getriebenen Denken. Goethe schrieb es seinem guten Schicksal zu, daß er niemals über das Denken gedacht habe. Diesen Ausspruch muß man verstehen, denn man kann eigentlich in Wirklichkeit nicht über das Denken denken. Man kann das Denken ebensowenig im Grunde denken, wie man das Eisen eisern und das Holz hölzern kann. Aber man kann ein anderes. Man kann versuchen, so die Wege zu gehen, die gewiesen werden im Denken, die gewiesen werden, indem das Denken immer rationeller und rationeller wird, und so sie weiterzugehen, wie man sie beginnt durch die Disziplin des mathematischen Denkens. Wenn man dies tut, dann kommt man einfach durch eine naturgemäße innere Wegleitung in jene Region hinein, die ich versuchte in meiner «Philosophie der Freiheit» zu betrachten. Da kommt man nicht zu einem Denken über das Denken. Man kann höchstens bildlich sprechen dann von einem Denken über das Denken. Aber man kommt zu etwas anderem, man kommt zu einem Anschauen des Denkens. Um aber zu diesem Anschauen des Denkens zu kommen, ist es nötig, daß man wirklich vorher sich eine intensive Vorstellung davon erworben habe, was reines, sinnlichkeitsfreies Denken ist. Man muß die innere Arbeit des Denkens so weit getrieben haben, daß man dann ankommt bei einem Bewußtseinszustande, wo man einfach durch das Ergreifen der sinnlichkeitsfreien Gedanken, durch das Anschauen der sinnlichkeitsfreien Gedanken weiß, man habe es jetzt mit sinnlichkeitsfreien Gedanken zu tun.

Das ist der Weg, den ich versucht habe – wie gesagt, in bescheidener Weise – in meiner «Philosophie der Freiheit». Ich möchte sagen, es wurde da versucht, das Denken so hinzulegen vor das Bewußtsein, nachdem es erst sinnlichkeitsfrei gemacht worden war, wie vor dem Bewußtsein liegt das Mathematisieren oder die Seelenfähigkeiten und Kräfte der analytischen Mechanik, wenn man sich mit voller Disziplin diesen Wissenschaften hingibt.

Ich darf vielleicht hier wieder eine persönliche Bemerkung einfügen. Indem ich statuierte dieses sinnlichkeitsfreie Denken, indem ich es einfach als eine Tatsache, aber als eine insofern streng erweisbare Tatsache hinstellte, daß es erzwungen werden kann ebenso wie das mathematische Gebilde im inneren Erleben, kam ich in Widerspruch mit allen möglichen Philosophen der achtziger Jahre, der neunziger Jahre. Mir wurde immer wieder und wiederum erwidert: Ja, mit diesem Denken stehe man nicht in irgendeiner Wirklichkeit. – Ich aber mußte schon in meinen «Grundlinien einer Erkenntnistheorie der Goetheschen Weltanschauung» in der ersten Hälfte der achtziger Jahre hinweisen auf das Ergreifen dieses reinen Denkens, in dessen Gegenwart man einfach weiß: Du lebst jetzt in einem Elemente, das keine sinnlichen Eindrücke mehr enthält und dennoch in der inneren Aktivität sich offenbart, daß es eine Realität ist. – Ich mußte etwa sagen von diesem Denken: In ihm haben wir die wahre geistige Kommunion des Menschen, die Vereinigung mit der wahren Wirklichkeit. Wir fühlen gewissermaßen an einem Zipfel des Weltendaseins, wie wir als Seele mit diesem Weltendasein zusammenhängen. – Ich mußte gewis sermaßen energisch protestieren gegen dasjenige, was dazumal in der Philosophie heraufkam, dem *Eduard von Hartmann* huldigte, indem er als Motto auf seine «Philosophie des Unbewußten» 1869 schrieb: «Spekulative Resultate nach induktiv naturwissenschaftlicher Methode.» Das war eine philosophische Reverenz gegenüber der Naturwissenschaft. Ich schrieb, um zu protestieren gegen das Aufsuchen einer wesenlosen Metaphysik, die nur dadurch entsteht, daß wir im charakterisierten Sinne aus innerer Trägheit über den Sinnenschleier hinaus das Denken fortrollen lassen, als Motto über meine «Philosophie der Freiheit»: «Seelische Beobachtungsresultate nach naturwissenschaftlicher Methode.» Ich wies darauf hin, daß alles dasjenige, was Inhalt einer Philosophie ist, nicht ersonnen ist, sondern daß es im strengsten Sinne so Beobachtungsresultat nach innen hin ist, wie Farbe und Ton Beobachtungsergebnisse nach außen hin sind. Und indem man in diesem, allerdings die menschliche Wesenheit wie erkältenden Elemente des reinen Denkens lebt, macht man eine Entdeckung. Man macht die Entdeckung, daß die Menschen zwar instinktiv von Freiheit reden können, daß im Menschenwesen Impulse sind, die durchaus nach Freiheit hintendieren, die aber so lange unbewußt, instinktiv bleiben, bis man die Freiheit wieder entdeckt, indem man weiß, aus dem sinnlichkeitsfreien Denken heraus können Impulse erfließen für unser sittliches Handeln, die, weil wir ein Denken ergriffen haben, das selbst keine Sinnlichkeit mehr enthält, dann selber nicht aus der Sinnlichkeit heraus determiniert sind, sondern aus der reinen Geistigkeit heraus determiniert sind. Und man erlebt die reine Geistigkeit, indem man beobachtet, rein beobachtet, wie einfließt die Kraft des Sittlichen in das sinnlichkeitsfreie Denken. Und das beste Resultat, das man aus so etwas erzielt, das ist das, daß man erstens jedem mystischen Aberglauben Valet sagen kann, denn der hat etwas zum Ergebnis, was in irgendeiner Weise verhüllt ist und nur auf irgendeine dunkle Empfindung hin angenommen wird. Man kann ihm Valet sagen aus dem Grunde, weil man jetzt etwas in seinem Bewußtsein erlebt, was innerlich durchsichtig ist, was nicht mehr von außen impulsiert wird, sondern was von innen her sich mit Geistigkeit erfüllt. Man hat ergriffen in einem Punkt das Weltendasein, indem man sich selbst nur zum

Schauplatz des Erkennens gemacht hat, man hat ergriffen, wie das Weltendasein verläuft in seiner wahren Gestalt und sich – wenn wir uns fügen diesem inneren Beobachten – uns dann ergibt. Ich möchte sagen: In einem Punkt nur ergreifen wir dasjenige, was das Wesen des Weltendaseins eigentlich ist, und wir ergreifen es als eine Realität, nicht als ein abstraktes Denken, indem herein impulsieren in die Gewebe des sinnlichkeitsfreien Denkens die moralischen Antriebe, die dadurch als freie erscheinen, daß sie jetzt leben nicht mehr als Instinkte, sondern in dem Gewande des sinnlichkeitsfreien Denkens. Wir erleben die Freiheit, allerdings eine Freiheit, von der wir dann zugleich wissen, daß der Mensch sich ihr nur nähern kann so, wie sich die Hyperbel ihrer Asymptote nähert, aber wir wissen, daß diese Freiheit lebt im Menschen, insofern das Geistige lebt. Wir ergreifen zuerst aus dem Elemente der Freiheit heraus das Geistige.

Und damit kommen wir auf etwas, was im Innersten des Menschen zusammenwebt den Impuls unseres sittlich-sozialen Handelns, die Freiheit, mit dem Erkennen, mit demjenigen, was wir wissenschaftlich zuletzt doch erringen. Wir erleben, indem wir die Freiheit im sinnlichkeitsfreien Denken erfassen, indem wir verstehen, wie dieses Erfassen nur in der wirklichen Geistigkeit sich vollzieht, wie wir in der Geistigkeit drinnen leben, indem wir solches vollziehen; wir erleben ein Erkennen, das sich zu gleicher Zeit als ein inneres Tun erweist, das als ein Inneres Außenwelttun werden kann, das also unbedingt überströmen kann in das soziale Leben. Ich habe dazumal versucht, mit aller Schärfe hinzuweisen auf zwei Dinge. Allein es ist damals noch wenig verstanden worden. Ich habe vor allen Dingen hinzuweisen versucht darauf, wie das Wesentliche bei einem Verfolgen eines solchen Erkenntnisweges die innere Erziehung ist, die wir uns dadurch angedeihen lassen. Ja, es ist schon etwas, wenn man diesen Weg zum sinnlichkeitsfreien Denken geht. Man muß vieles innerlich durchmachen. Man muß Überwindungen absolvieren, von denen man im äußeren Leben zumeist keine Ahnung hat. Und indem man diese Überwindungen absolviert, indem man zuletzt in einem seelischen Erlebnisse ist, das sich kaum festhalten läßt, weil es sich so leicht wiederum den gewöhnlichen Kräften des Menschenwesens entzieht, indem man in dieses Wesen untertaucht, taucht man nicht in unklar nebuloser, mystischer Weise unter, sondern man taucht in eine helle Klarheit unter, aber man taucht in Geistigkeit unter. Man macht Bekanntschaft mit der Geistigkeit. Man weiß, was Geist ist, und man weiß es, indem man den Geist gefunden hat auf dem Wege, den die andere Menschheit auch geht, den sie nur nicht zu Ende geht, der aber für die Bedürfnisse unseres gegenwärtigen Erkenntnis- und sozialen Strebens gegangen werden muß von all denjenigen Menschen, die in der Erkenntnis, die im sozialen Leben irgendwie tätig sein wollen. Das ist das eine, was ich durchblicken ließ durch meine «Philosophie der Freiheit».

Das andere, was ich da durchblicken ließ, ist das, daß, wenn wir nun die Freiheit als den Träger des eigentlich Sittlichen im sinnlichkeitsfreien Denken entdeckt haben, wir dann nicht irgendwie aus Naturerscheinungen, gewissermaßen analogisierend, sittliche Moralbegriffe, sittliche Gebote ableiten können, daß wir aufgeben müssen alles dasjenige, was uns auf naturwissenschaftliche Art zu einem sittlichen Inhalte führt, daß dieser sittliche Inhalt frei entstehen müsse, im übersinnlichen Erleben entstehen müsse. Und ich wagte dazumal einen Terminus, der wenig verstanden worden ist, der aber unbedingt statuiert werden muß, wenn man in diese Region hineinkommt und wenn man Freiheit überhaupt verstehen will. Ich gebrauchte den Ausdruck: Die sittliche Welt geht uns auf in unserer moralischen Phantasie. – Und ich gebrauchte mit vollem Bewußtsein diesen Ausdruck «moralische Phantasie», ich gebrauchte ihn aus dem Grunde, um darauf hinzudeuten, daß – so wie bei dem Gebilde der Phantasie – die geistige Arbeit, die dazugehört, sich abgesehen vom Äußeren im Inneren des Menschen vollzieht; und auf der andern Seite, um darauf hinzudeuten, daß sich zunächst dasjenige, was uns die Welt sittlich-religiös wertvoll macht, nämlich die Sittengebote, nur ergreifen lassen auf diesem Gebiete, das sich frei hält von den äußeren Eindrücken, das auf innerer Menschenarbeit selber beruht. Ich wies aber zu gleicher Zeit schon in meiner «Philosophie der Freiheit» deutlich darauf hin, daß, wenn wir innerhalb des Menschlichen stehenbleiben, sich uns zwar enthüllt der sittliche Inhalt als Inhalt der moralischen Phantasie, daß aber dann, wenn wir auf diesen Inhalt, der sich uns enthüllt als dasjenige, was wir aus einer geistigen Welt herübertragen, näher eingehen, wir uns der äußeren Sinneswelt einfügen.

Sie werden, wenn Sie die Philosophie wirklich studieren, das Tor genau merken, durch das durch diese Philosophie der Weg in die Geistigkeit hinein geboten wird, nur daß ich in dieser Philosophie so vorging, daß ich jedem analytischen Mechaniker über den Gang meiner Untersuchungen hätte Rechenschaft geben können, und daß ich gar keinen Wert darauf legte auf dasjenige, was etwa an Zustimmung zu einem Wege in die Geistigkeit hinein kommen könnte durch all das Geschwafel, das von irgendwelcher spiritistischen oder mystisch-nebulosen Seite herkommt. Von diesen Seiten her kann man leicht Zustimmung erlangen, wenn man von allerlei Geistigem redet, aber gerade jenen Weg vermeidet, den ich dazumal zu gehen versuchte. Ich suchte Gewißheit und Sicherheit für das Geistige, und mir war höchst gleichgültig die Zustimmung all der Schwafler, die aus irgendwelchen nebulos-mystischen Untergründen heraus für dieses Geistige eintreten. Aber ein anderes war damit zugleich gewonnen.

Gerade wenn man einging auf diese zwei Richtungen, die ich da in der «Philosophie der Freiheit» wies als wahre Bewußtseinsbeobachtungen, gerade dann zeigte sich, wenn man noch weiter geht, wenn man den nächsten Schritt macht – was dann? Wenn man angelangt ist bei jenen inneren Erlebnissen, die in der Sphäre des reinen Denkens stehen, bei jenen inneren Erlebnissen, die sich als das Erlebnis der Freiheit zuletzt enthüllen, dann gelangt man zu einer Metamorphose des Erkennens in bezug auf die innere Bewußtseinswelt. Dann bleiben die Begriffe und Ideen nicht Begriffe und Ideen, dann bleibt nach dieser Seite hin der Hegelianismus nicht Hegelianismus, dann bleibt die Abstraktheit nicht Abstraktheit, dann geht es nach dieser Richtung hin zunächst in das reale Gebiet der Geistigkeit hinein. Dann ist das Nächste, wo hinein man gelangt, nicht mehr der bloße «Begriff», die bloße «Idee», nicht mehr etwas, wie es den ganzen Inhalt der Hegelschen Philosophie ausmacht, nein, dann verwandelt sich Begriff und Idee in Bild, in Imagination. Man entdeckt sogleich die höhere Stufe, die sich zunächst nur projiziert hat in der moralischen Phantasie, man entdeckt die Erkenntnisstufe der Imagination. Wie man mit der Philosophie noch in einer selbstgemachten Wirklichkeit drinnensteckt, so steckt man dann, wenn man sich innerlich hat treiben lassen durch den Weg, den die «Philosophie der Freiheit» weist, wenn man sich über diesen Plan der Phantasie herausbegeben hat, drinnen in einer Welt von Ideen, die aber jetzt nicht Traumbilder sind, sondern die ebenso auf Realitäten, aber auf geistige Realitäten hinweisen, wie Farben und Töne in den sinnlichen Realitäten verankert sind. Jetzt gelangt man in das Gebiet des bildlichen, des imaginativen Denkens hinein. Man gelangt zu jenen Imaginationen, die real sind, durch die man in einer Welt steht, nicht mehr bloß in seinem Inneren steht; man gelangt zu der Inspiration, die sich erleben läßt, wenn man im richtigen Sinne mathematisiert, wenn das Mathematisieren selbst ein Erleben wird, und dann gewissermaßen über sich hinauswachsen kann zu dem, was sich etwa in der Vedantaphilosophie gezeigt hat. Zu dieser Inspiration tritt auf der andern Seite die Imagination. Und durch diese Imagination entdeckt man dann dasjenige, was erst den Menschen begreiflich macht. Man entdeckt in Imaginationen, in bildhaften Vorstellungen, in Vorstellungen, die einen konkreteren Inhalt haben als abstrakte Gedanken, man entdeckt in diesen bildhaften Vorstellungen dasjenige, was einem den Menschen von der Bewußtseinsseite her begreiflich macht. Man muß die Resignation haben, nicht weitergehen zu wollen, wenn man an diesem Punkte angelangt ist, nun nicht weitergehen zu wollen, nicht durch innere Trägheit einfach das sinnlichkeitsfreie Denken nun weiterrollen zu lassen und zu glauben, daß man durch dieses sinnlichkeitsfreie Denken in die Geheimnisse des Bewußtseins hinuntergelange, sondern man muß eben die Resignation haben, nun stehenzubleiben und sich gewissermaßen von der Innenseite aus der geistigen Außenwelt gegenüberzustellen. Dann wird man nicht hineinspinnen Gedanken in das Bewußtsein, die es doch nicht begreifen können, sondern dann wird man empfangen die Imagination, durch die das Bewußtsein nun erfaßt werden kann. So wie man an der äußeren Grenze stehenbleiben muß bei dem Phänomen und sich einem die Gedanken als dasjenige erweisen, was in der Erkenntnis diese Phänomene durchorganisieren kann, so wie man da diese Resignation notwendig hat und gerade dadurch zur Geistigkeit der Intellektualität kommt, so muß man nach innen forschen, die Resignation haben, mit den Gedanken stillezuhalten, sie gewissermaßen innerlich zur Reflexion zu bringen, um dadurch an die Bilder heranzukommen, die jetzt erst das Innere des Menschen entrollen. Ich möchte sagen, wenn ich hier (siehe Zeichnung) das

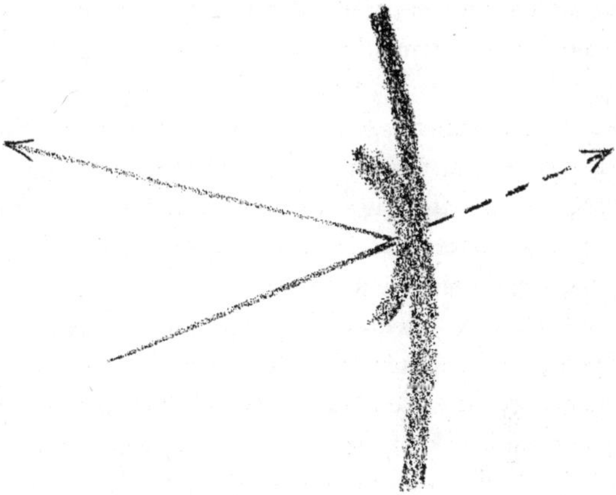

menschliche Innere statuiere und mich nähere durch Selbstbeschauung und reines Denken diesem Inneren, dann muß ich nun nicht fortrollen wiederum mit meinem Denken, denn da komme ich in ein Gebiet, wo das reine Denken nichts mehr findet, sondern nur anschauliche oder überhaupt Lebensreminiszenzen hinstellen kann. Ich muß die Resignation haben, zurückzukehren. Dann aber wird sich mir an dem Punkt der Reflexion die Imagination ergeben. Dann enthüllt sich mir die innere Welt als eine imaginative Welt.

Sehen Sie, da kommen wir innerlich nun an zwei Pole. Wir kommen an den Pol der Inspiration gegen die Außenwelt zu, an den Pol der Imagination gegenüber der Innenwelt. Hat man nun aber diese Imagination ergriffen, dann kann man aus diesen Imaginationen zusammenstellen, so wie man in der äußeren Natur durch die Begriffe und durch Experimente zusammenstellt die Naturerkenntnisse, dann kann man zusammenstellen innerlich dasjenige, was real ist, was sich zunächst als das erweist, was nun nicht als sinnlicher Leib, sondern als ätherischer Leib den Menschen durchzieht, selbstverständlich sein ganzes Leben, aber in einer besonders intensiven Weise durchzieht in seinen ersten sieben Lebensjahren, was dann beim Zahnwechsel in eine andere Gestalt kommt, wie ich Ihnen das gestern dargestellt habe. Aber man erwirbt sich dadurch die Fähigkeit zu beobachten, wie dieser ätherische oder Lebensleib im physischen menschlichen Organismus arbeitet.

Man kann nun leicht sagen aus irgendeiner philosophischen Erkenntnistheorie heraus: Ja, der Mensch muß eben, wenn er in klarer Logik stehenbleiben will, dann innerhalb der Begriffe stehenbleiben, er muß innerhalb desjenigen stehenbleiben, was sich diskursiv und im gewöhnlichen Sinne beweisend rechtfertigen läßt. Schön. Man kann so lange fort erkenntnistheoretisieren. Aber wenn man auch noch so starken Glauben an ein solches erkenntnistheoretisches Gewebe hat, wenn es auch noch so logisch richtig ist, die Wirklichkeit ergibt sich mir nicht, die Wirklichkeit lebt nicht in dem, was wir so logisch ausbauen. Die Wirklichkeit lebt eben in Bildern. Und wenn wir uns nicht entschließen, Bilder oder Imaginationen zu ergreifen, dann ergreifen wir eben die Wirklichkeit des Menschen nicht. Und es handelt sich gar nicht darum, daß wir äußerlich aus einer gewissen Vorliebe heraus sagen, wie Erkenntnis ausschauen muß, damit sie echt sei, sondern es handelt sich darum, daß wir die Wirklichkeit fragen, durch was sie sich uns enthüllen will. Da kommen wir eben auf die Imagination. So erweist sich dann dasjenige, was in der moralischen Phantasie lebt, als ein in das gewöhnliche Bewußtsein Herunterprojiziertes einer höheren geistigen Welt, die wir aber ergreifen können in den Imaginationen.

Und so, meine sehr verehrten Anwesenden, habe ich Sie geführt, zu führen versucht wenigstens, an die zwei Pole der Inspiration und der Imagination, die wir in den nächsten Tagen nun auch geisteswissenschaftlich noch genauer und näher kennenlernen wollen. Ich mußte gewissermaßen erst an das Tor führen, damit Sie sehen, daß dieses Tor im gewöhnlichen wissenschaftlichen Sinne gut fundiert ist. Denn erst, wenn wir die Fundierung dieses Tores haben, können wir auch dann zur Fundierung des Baues kommen, in den wir eintreten durch dieses Tor, des Baues der Geisteswissenschaft selber. Allerdings, indem man diesen ganzen Weg durchmacht, den ich Ihnen ja heute schildern mußte als einen, ich möchte sagen, sehr schwierigen erkenntnistheoretischen Weg, gegenüber dem mancher sagen kann, er sei schwer verständlich, indem man diesen Weg macht, muß man den Mut haben, auch eingehen zu können, ich möchte sagen auf den Anti-Hegel, nicht bloß auf den Hegel. Man muß verstehen, nachdem man den Hegelismus so geschildert hat, wie ich versuchte, ihn in meinen «Rätseln der Philosophie» zu schildern, auch *Stirner* gerecht zu werden, ihn zu schildern, wie ich versucht habe, ihn in meinen «Rätseln der Philosophie» zu schildern, denn in Stirner steht da dasjenige, was aus dem Bewußtsein herauf als das Ich sich enthüllt. Und wenn man dieses Stirnersche Ich, das aus den instinktiven Erlebnissen heraufkommt, einfach so nimmt, wie es ist, wenn man es nicht durchdringt mit dem, was zur moralischen Phantasie und zur Imagination kommt, dann bedeutet es ein Antisoziales. Dasjenige aber, was die «Philosophie der Freiheit» setzt an die Stelle des Stirnerianismus, das bedeutet, wie wir gesehen haben, in Wahrheit ein Soziales. Man muß auch jenen Mut haben, durch das instinktive Ich im Stirnerschen Sinn hindurchzugehen, um zur Imagination zu kommen, und man muß den andern Mut haben, ins Antlitz zu schauen der Assoziations-Psychologie, die von *Mill*, von ähnlichen Geistern, von *Spencer* und so weiter herrührt, die da mit dem bloßen Begriff das Bewußtsein ergreifen möchte, aber es nicht kann. Man muß den Mut haben, einzusehen, daß der entgegengesetzte Weg heute gegangen werden muß. Der alte Morgenländer hat einen heute nicht mehr gehbaren Weg gehabt, indem er das Mathematisieren in die Vedantaphilosophie hineingetragen hat. Der Abendländer hat diesen Weg nicht mehr. Die Menschheit ist in Entwickelung. Sie ist fortgeschritten. Es muß ein anderer Weg gesucht werden. Der ist aber erst in seinem Anfange, und sein Anfang zeigt sich am besten, wenn man diese Assoziations-Psychologie, die die inneren Vorstellungen gesetzmäßig so in Verbindung bringt, wie man sonst die äußeren Naturerscheinungen in Verbindung bringt, wenn man diese Assoziations-Psychologie zu betrachten weiß als dasjenige, was da in Trägheit durchstoßen will und eigentlich ins Nichts kommt; und wenn man diese Assoziations-Psychologie zunächst aufzufassen versteht, dann aber hineinzuführen versteht durch Schauung in das Gebiet der Imagination. Wie der Osten einstmals an einem urmathematischen Denken heraufgehen sah die Gedanken der Vedantaphilosophie, den Weg hinein in die Geistigkeit der Außenwelt, so müssen wir durch unsere Aufgaben, die uns heute gestellt sind, indem wir nach innen sehen, den Mut haben, von den bloßen Begriffen und Ideen zu den Imaginationen, zu den Schauungen zu gehen, und dadurch diese Geistigkeit zuerst in unserem Inneren wieder zu entdecken. Dann werden wir sie in die äußere Welt hineintragen können. Dann werden wir haben Geistigkeit, ergriffen durch des Menschen innere Wesenheit, mit der Möglichkeit, sie hinauszutragen in das soziale Dasein. Dieses Dasein wartet in Wirklichkeit nicht auf etwas anderes als auf eine solche Erkenntnis, die zugleich sozial sein kann. Daß das der Fall ist, werden wir dann in den nächsten Stunden sehen.

FÜNFTER VORTRAG

Dornach, 1. Oktober 1920

Es wird heute nötig sein, verschiedene Dinge auseinanderzusetzen, die eigentlich nur dann begriffen werden können, wenn man sich über gewisse Vorurteile hinwegsetzt, über Vorurteile, die gerade durch eine lange Erziehung bis in die Gegenwart herein der Menschheit intensiv eingepflanzt worden sind. Es wird sich darum handeln, manches, was heute gesagt werden muß, was dann morgen weitere Belege finden wird, gewissermaßen durch eine Art sich Emporreißen zur Anschauung der geistigen Dinge zu begreifen. Sie müssen bedenken, daß, wenn gegenüber den geisteswissenschaftlichen Aussagen die Forderung auftritt, in derselben Art zu beweisen, wie bewiesen wird in der empirischen Naturwissenschaft oder in der heutigen Jurisprudenz, wohl auch in der heutigen, aber im Grunde für das öffentliche Leben unbrauchbaren Sozialwissenschaft, daß man mit einem solchen Beweisen eigentlich nicht sehr weit kommen kann. Denn dieses Beweisen, das muß der wirkliche Geistesforscher bereits in sich tragen. Er muß sich heranerzogen haben gerade an den strengen Methoden der heutigen Naturwissenschaft, auch der mathematisierenden Naturwissenschaft. Er muß kennen, wie man da beweist, und er muß wiederum diese Art des Beweisens in den ganzen Gang seines Seelenlebens aufgenommen und darinnen für eine höhere Stufe des Erkennens ausgebildet haben. Daher ist es zumeist so, daß, wenn gegenüber dem Geistesforscher die Forderung des gewöhnlichen Beweisens auftritt, er im Grunde genommen in der Regel dasjenige, was da gefragt wird, sehr gut kennt, daß er die Einwände, die man ihm machen kann, längst vorweggenommen hat. Er ist sogar nur im wahren Sinne des Wortes Geistesforscher, so wie die Geistesforschung gestern hier charakterisiert worden ist, wenn er wirklich eine strenge Disziplin im gegenwärtigen naturwissenschaftlichen Erkennen durchgemacht hat, und wenn er wenigstens ihrem Geiste nach die Resultate der gegenwärtigen Naturforschung recht gut kennt. Das muß ich vorausschicken und noch etwas anderes. Bleibt man nämlich stehen innerhalb derjenigen Beweisform, welche namentlich heute

WICHTIG

in die wissenschaftlichen Gewohnheiten eingezogen ist durch die Experimentierkunst, dann kommt man niemals zu einer solchen Erkenntnis, die sozial anwendbar ist. Im Experiment geht man ja – auch wenn man sich der Illusion hingibt, daß es anders wäre – auch so vor, daß man eine gewisse Richtung verfolgt und sich gewissermaßen durch die Erscheinungen bestätigen läßt dasjenige, was in den Ideen lebt, die man vielleicht eben zu Naturgesetzen, vielleicht auch rechnerisch formuliert.

Aber wenn man genötigt ist, sein Erkennen, den Inhalt seines Erkennens einzuführen in das soziale Urteil, wenn mit andern Worten Geltung und Bestand haben sollen die Ideen, die zu Gesetzmäßigkeiten formulierten Ideen, die man sich angeeignet hat etwa durch die heutige Anthropologie oder Biologie oder durch den Darwinismus, wenn er auch noch so fortgeschritten ist, wenn man diese Ideen dann einführen will in ein soziales Wissen, in eine soziale Erkenntnis, die praktisch werden kann, dann läßt sich mit dieser an der Experimentierkunst gewonnenen Erkenntnis nichts anfangen, einfach aus dem Grunde, weil man nicht so im Laboratorium abwarten kann, was aus unseren Ideen wird, wenn wir sie ins soziale Leben überführen. Es könnte ja leicht vorkommen, daß durch eine solche soziale Experimentierkunst Tausende und aber Tausende von Menschen sterben oder verhungern, oder in anderer Weise ins soziale Elend kommen. Und ein großer Teil unseres sozialen Elends ist eben gerade dadurch hervorgerufen, daß unsere Ideen allmählich dadurch, daß sie hervorgegangen sind aus der reinen Experimentalanschauung, zu kurz geworden sind, zu eng geworden sind, um in Realität zu leben, wie sie in Realität leben müssen, wenn wir irgend etwas, was soziale Bedeutung haben soll, wirklich überführen wollen vom Denken, vom Wissen in die Praxis. Nun habe ich Sie hingewiesen darauf, wie sich der Geistesforscher, um ein solches Wissen, das zu gleicher Zeit zurück die Natur beleuchtet, aber vorwärts weist nach dem sozialen Leben, wie der Geistesforscher sich stellen muß zu den beiden Grenzen, die uns im Erkennen auftauchen, zu der einen Grenze, die dann nach dem Materiellen hin zu finden ist, zu der andern Grenze, die nach dem Bewußtsein hin zu finden ist. Und ich habe Ihnen gezeigt, daß nach dem Materiellen hin, statt daß man in Trägheit das Erkennen fortrollen läßt, um allerlei mechanistische, atomistische, molekularistische Weltbilder ins Metaphysische hinein auszudenken, daß man statt dessen an dieser Grenze stehenbleiben muß und entwickeln muß etwas, was im gewöhnlichen Menschenleben noch nicht vorhanden ist als Erkenntnisfähigkeit, daß man da entwickeln muß die Inspiration. Auf der andern Seite habe ich Ihnen gezeigt, daß man, wenn man das Bewußtsein erfassen will, nicht darf mit dem, was sich einem entzündet hat an Begriffen und Ideen in der äußeren Natur, so wie es etwa die englisch-amerikanischen Assoziations-Psychologen machen, in dieses Bewußtsein eindringen wollen. Man muß sich klar darüber sein, daß dieses Bewußtsein so geartet ist, daß wir einfach mit diesen Ideen, die an der Außenwelt entzündet sind, nicht in das Bewußtsein hinunterdringen können. Da müssen wir aus diesen Ideen erst heraus, müssen erst in die imaginative Erkenntniswelt hinein. Wir müssen also, indem wir uns selbst erkennen wollen, die Begriffe und Ideen erfüllen mit Inhalt, so daß sie zu Bildern werden. Und ehe nicht die jetzt die ganze Zivilisation ergreifende Anschauungsweise über den Menschen, wie sie namentlich einen westlichen Ursprung hat, ehe nicht diese übergeht in ein imaginatives Erkennen, eher können wir nicht vorwärtskommen in dem richtigen Sich-Stellen an diese zweite Grenze des gewöhnlichen menschlichen Erkennens.

Aber man kann zu gleicher Zeit sagen, daß diese gegenwärtige Menschheit durchaus in dem Punkte ihrer Entwickelung angekommen ist, aus andern, historisch gewordenen Formen heraus, der ein solches Fortschreiten verlangt auf der einen Seite zur Inspiration, auf der andern Seite zur Imagination. Und derjenige, der zu studieren vermag dasjenige, was eigentlich in der Gegenwart mit der Menschheit vorgeht, was sich erst in den Anfangssymptomen zeigt, der weiß, wie, ich möchte sagen, aus der Tiefe der Menschenentwickelung herauf Kräfte steigen, die durchaus darauf hintendieren, daß eingeführt werde in diese Menschheitsentwickelung Inspiration und Imagination in der richtigen Weise.

Inspiration, man kann sie nicht erreichen anders, als daß man ringt mit einem gewissen Vorstellen in der Weise, wie ich es in meinem Buche «Wie erlangt man Erkenntnisse der höheren Welten?» beschrieben habe und wie ich es des ferneren noch wenigstens andeutungsweise im nächsten Vortrage beschreiben werde. Aber dann, wenn man durch eine gewisse innere Selbstkultur, durch ein systematisches Sich-Schulen in einem bestimmten Vorstellen, durch ein Sich-Schulen im Leben der Vorstellungs- und Ideen- und Begriffswelt, wenn man darinnen weit genug gekommen ist, dann lernt man innerlich erkennen, was es heißt, in Inspiration leben. Denn zunächst ist das so, daß, wenn man dasjenige, was sonst in unserem Leben in den ersten sieben Lebensjahren bis zum Zahnwechsel hin mathematisiert, wenn man das nicht unbewußt, wie es eben im gewöhnlichen Leben und auch in der gewöhnlichen Wissenschaft geschieht, ausübt, sondern wenn man es ausübt in voller Bewußtheit, wenn man sich hineinstellt, ich möchte sagen, in eine lebendige Mathematik, in eine lebendige Mechanik, wenn man mit andern Worten dasjenige, was sonst in uns wirkt, Gleichgewichtssinn, Bewegungssinn, Lebenssinn, aufnimmt in das volle Bewußtsein, wenn man gewissermaßen aus sich herausreißt dasjenige, was sonst als Gleichgewichtsempfindung, als Bewegungsempfindung, als Lebensempfindung in uns lebt, wenn man das so herausreißt, daß man mit den mathematischen Vorstellungen, aber mit den erweiterten mathematischen Vorstellungen darinnen lebt, dann ist es so, als ob man einschliefe, aber nicht hinüberschliefe in die Unbewußtheit oder in das nebulose Traumleben, sondern als ob man hinüberschliefe in eine neue Bewußtheit, die ich Ihnen heute – wir werden morgen hier über das alles reden – zunächst nur beschreiben möchte. Man wächst hinüber in die Bewußtheit, in der man zunächst etwas empfindet wie ein tonloses Weben, ja, ich kann es nicht anders nennen, wie ein tonloses Weben in einer Weltmusik. Man wird förmlich, so wie man durch sein Ich in den Kindheitsjahren sein Leib wird, so wird man zu diesem Weben in einer tonlosen Weltmusik. Dieses Weben in einer tonlosen Weltmusik gibt die andere, ganz streng zu beweisende Daseinsempfindung, daß man jetzt mit seinem Seelisch-Geistigen außerhalb seines Leibes ist. Man fängt an zu wissen, daß man auch sonst im Schlafe außerhalb seines Leibes mit seinem Seelisch-Geistigen ist. Aber durch das Erlebnis des Schlafes vibriert nicht hindurch dasjenige, was bei solchem bewußten Herausgehen aus dem Leibe durch die eigene Selbständigkeit dann hindurchvibriert, und man erlebt zunächst etwas wie eine innere Unruhe, diese innere Unruhe, die einen musikalischen Charakter an sich trägt, wenn man voll bewußt in sie untertaucht. Die, ich möchte sagen, hellt sich allmählich auf, indem aus dem Musikalischen, das man da erlebt, etwas wird wie ein wortloses Wortoffenbaren aus dem geistigen Weltenall heraus. Gewiß, die Dinge nehmen sich heute grotesk und paradox aus für denjenigen, der sie zum ersten Male hört. Aber vieles erschien in dem Lauf der Weltenentwickelung, indem es zum ersten Male auftrat, eben paradox und grotesk. Es ist schon so, daß man nicht weiterkommt in der Menschheitsentwickelung, wenn man an diesen Erscheinungen bewußtlos oder halbbewußt vorübergehen möchte. Zunächst ist es nur ein Erleben, ich möchte sagen, ein musikalisch-tonloses Erleben. Dann aber ist es etwas, was sich heraushebt aus diesem tonlosen Erleben, so daß wir imstande sind, mit dem, was wir da erleben, ebenso innerlich sinnvollen Inhalt zu bekommen, wie wir äußerlich sinnvollen Inhalt vermittelt bekommen, wenn wir einem Menschen zuhören, der durch sinnliche Worte zu uns spricht. Die geistige Welt beginnt einfach zu sprechen, und man muß nur von diesen Dingen sich eine Erfahrung aneignen.

Und eine nächste Stufe, zu der man sich da hindurchlebt, ist dann diese, daß man nicht nur webt und lebt in einem tonlosen Musikalischen und nicht bloß vernimmt das Sprechen des übersinnlichen Geistigen, sondern daß man lernt konturieren dasjenige, was sich ankündigt aus dem übersinnlichen Geistigen, in Wesenhaftes, daß sich einem gewissermaßen herausgliedern aus der allgemeinen Geistsprache, die man zunächst lernt, einzelne übersinnliche Wesenheiten, wie wir, indem wir auf einer niedrigeren Stufe einem Menschen zuhören, allmählich dasjenige, was sich von seiner Seele und seinem Geistigen offenbart, zum Wesenhaften – wenn ich mich jetzt des Trivialausdruckes bedienen darf – kristallisieren oder organisieren. Wir leben uns also hinein in die Beobachtung und in die Erkenntnis einer wirklichen geistigen Welt. Diese geistige Welt tritt jetzt anstelle der leeren, ausgesogenen, metaphysierten Welt der Atome, der Moleküle, sie tritt uns als dasjenige entgegen, was in Wahrheit hinter den Erscheinungen der physisch-sinnlichen Welt steht. Wir stehen jetzt nicht mehr so an der Grenze nach dem Materiellen hin, wie wir stehen, wenn wir nur in Trägheit fortrollen lassen wollen unser Begriffsspinnen, wie es sich erhellt, entzündet hat an dem Verkehr mit der physisch-sinnlichen Außenwelt, sondern wir stehen jetzt an dieser Grenze so, daß uns an dieser Grenze der geistige Inhalt der Welt aufgeht. Das ist nach der einen Seite hin.

Und, meine sehr verehrten Anwesenden, die Menschheit drängt heute dazu, aus sich, aus der Leiblichkeit so herauszugehen, und man kann sagen, an einzelnen Menschenexemplaren tritt uns ganz deutlich diese Tendenz der gegenwärtigen Menschheit in ihrem jetzigen Entwickelungsstadium hervor, dasjenige aus der Leiblichkeit herauszuziehen, was der Geistesforscher mit voller Bewußtheit herauszieht, indem er es eben so herauszieht, wie er irgendwie sich verhält, wenn er in der äußeren Naturbeobachtung die im Inneren eroberten Begriffe eben ordnend, systematisierend anwendet. Es wird ja, wie vielleicht einige von Ihnen wissen, seit einer gewissen Zeit eine merkwürdige Krankheit beschrieben. Diese Krankheit, man nennt sie unter Psychiatern, unter Psychologen, die pathologische Grübel-, Zweifelsucht, man nennt sie vielleicht besser den pathologischen Skeptizismus. Diese Krankheit tritt einem in den merkwürdigsten Formen und schon in zahlreichen Exemplaren deutlich entgegen, und es ist schon notwendig, daß das Studium dieser Krankheit gepflegt wird aus unseren wirklichen Kulturbedingungen der neuesten Zeit heraus. Es tritt diese Krankheit – Sie können darüber in der psychiatrischen Literatur vieles erfahren – dadurch zutage, daß die Menschen von einem gewissen Lebensalter an, das in der Regel mit der Geschlechtsreife oder mit der Vorbereitung zur Geschlechtsreife zusammenhängt, daß die Menschen da anfangen, der Außenwelt gegenüber, die sie erleben, keine rechte Stellung mehr einnehmen zu können, daß sie befallen werden gegenüber ihren Erfahrungen in der Außenwelt von einer unbegrenzten Zahl von Fragen. Es gibt Persönlichkeiten, welche, wenn sie von diesen Krankheiten zunächst befallen sind, einfach, trotzdem sie sonst vollständig vernünftig sind, trotzdem sie ihren Obliegenheiten in hohem Maße nachgehen können, trotzdem sie völlig überschauen ihren Zustand, wenn sie nur ein wenig abgezogen werden von dem, was sie an die äußere Welt fesselt, daß sie dann die kuriosesten Fragen stellen müssen. Diese Fragen treten einfach herein in das Leben. Diese Fragen können nicht abgewiesen werden. Sie treten insbesondere stark bei denjenigen auf, die mit einer gesunden, sogar mit einer vorwaltend gesunden Organisation – aber mit einer solchen Organisation, die ein offenes Herz, einen offenen Sinn und ein gewisses Verständnis gerade hat für die Art und Weise, wie die moderne Wissenschaft denkt – die moderne Wissenschaft erleben, so daß sie dann gar nicht wissen, wie ihnen unterbewußt aus dieser modernen Wissenschaft diese Fragen aufsteigen. Insbesondere treten solche Erscheinungen bei Damen auf, welche weniger robuste Naturen haben als die Männer, welche dann auch nicht aus den streng disziplinierten Literaturwerken, sondern mehr aus Laien- oder Dilettantenwerken die moderne Wissenschaft aufnehmen, wenn sie sich hineinversetzen in dasjenige, was die Ergebnisse des modernen Denkens sind. Und dann namentlich, wenn eine solche Bekanntschaft mit dem modernen Denken in intensiverem Maße hineinfällt in die Vorbereitung zur Geschlechtsreife oder in das Abfluten des Geschlechtsreifwerdens, dann treten solche Zustände in hohem Maße bei solchen Persönlichkeiten auf. Sie bestehen darinnen, daß die betreffende Persönlichkeit fragen muß: Ja, woher kommt die Sonne? Und wenn man ihr noch so gescheite Antworten gibt, so taucht immer aus einer Frage eine andere auf. Woher kommt das menschliche Herz? Warum schlägt das menschliche Herz? Habe ich nicht in der Beichte zwei oder drei Sünden vergessen? Was ist geschehen, als ich das Abendmahl genommen habe? Sind da nicht vielleicht einige Bröselchen der Hostie heruntergefallen? Habe ich nicht da oder dort einen Brief einstecken wollen und ihn danebengeworfen? Und ich könnte Ihnen eine ganze lange Litanei von solchen Fragen aufzählen und Sie würden sehen daraus, daß alles das sehr geeignet ist, in fortwährender Unbehaglichkeit den Menschen zu erhalten.

Wenn der Geistesforscher diese Sache zu überschauen hat, so möchte ich sagen, kennt er sich darinnen aus. Es ist einfach ein Heraustreten desjenigen, worinnen sich der Geistesforscher bewußt befindet, wenn er zum musikalisch-tonlosen Worterleben, zum Wesenserleben durch Inspiration kommt. Aber solche mit Zweifelsucht, mit Grübelsucht behaftete Menschen, die kommen hinein in diese Region auf unbewußte Art. Sie haben keine Kulturerfahrung, die danach ginge, den

Zustand, in den sie hineinkommen, wirklich zu begreifen. Der Geistesforscher weiß, daß der Mensch die ganze Nacht, vom Einschlafen bis zum Aufwachen, in lauter solchen Fragen drinnenlebt, daß da in ihm auftauchen aus dem Schlafesleben heraus eine Unsumme von Fragen, und er kennt diesen Zustand, weil er ihn eben auch in der angedeuteten Weise bewußt erleben kann. Derjenige, der nur vom gewöhnlichen Bewußtseinsstandpunkte aus diese Dinge berührt und zu erkennen strebt, der wird sich vielleicht allerlei rationalistische Erklärungsversuche bilden, aber er kommt doch nicht auf das Wahre, weil er nicht durch Inspiration die Sache ergreifen kann. Er sieht zum Beispiel, wie es Menschen gibt, die gehen abends ins Schauspiel, sie gehen aus dem Schauspiel heraus, sie können gar nicht anders, als daß sie sich überfallen lassen von einer unbegrenzten Zahl von Fragen: In welchen Beziehungen zur äußeren Welt steht diese Schauspielerin? Was hat in einem früheren Jahre jener Schauspieler getan? Welches Verhältnis besteht zwischen den einzelnen Schauspielern? Wie ist zustande gekommen diese oder jene Kulisse? Welcher Maler hat diese oder jene Kulisse gemalt? und so weiter und so weiter, und tagelang stehen solche Menschen unter der Einwirkung eines solchen inneren Frageteufels. Es sind das pathologische Zustände, die man erst zu begreifen anfängt, wenn man weiß, diese Menschen kommen in jene Region hinein, die der Geistesforscher in Inspiration erlebt, indem er sich eben anders verhält, als diese Menschen in dem pathologischen Zustand sich verhalten. Diese Menschen gehen in dieselbe Region hinein wie der Geistesforscher, aber sie nehmen ihr Ich nicht mit, sie verlieren gewissermaßen beim Hineintreten in diese Welt ihr Ich. Und dieses Ich ist das Ordnende. Dieses Ich ist dasjenige, was in diese Welt eine ebensolche Ordnung hineinzubringen vermag, wie wir in die Welt der sinnlich-physischen Umgebung Ordnung hineinzubringen vermögen. Der Geistesforscher weiß, daß der Mensch ja vom Einschlafen bis zum Aufwachen in dieser selben Region lebt, daß jeden Menschen, der aus einem Schauspiel kommt, in der Nacht, wenn er schläft, alle diese Fragen wirklich befallen, aber durch eine gewisse Gesetzmäßigkeit im normalen Dasein breitet sich eben der Schlaf über diesen Frageteufel aus, und der Mensch ist fertig mit diesem Frageteufel, wenn er wiederum aufwacht.

Es handelt sich darum, daß wir hineintragen in einer wirklichen Geistesforschung in diese Region das volle Unterscheidungsvermögen, die volle Besonnenheit und die volle Kraft des menschlichen Ich. Dann leben wir darinnen nicht in einem Überskeptizismus, dann leben wir darinnen ebenso besonnen, ebenso sicher, wie wir in der physisch-sinnlichen Welt sicher leben. Und im Grunde genommen sind alle diejenigen Übungen, die von mir angegeben werden in dem Buche «Wie erlangt man Erkenntnisse der höheren Welten?», zu einem großen Teile auch darauf hinauslaufend, daß der Mensch in vollbewußter, sein Ich bewahrender Art, in strenger Disziplinierung diese Region betritt. Bei den Anleitungen zur Geistesforschung handelt es sich zum großen Teile darum, daß der Geistesforscher auf diesem Wege nicht verliere den inneren Halt, die innere Zucht des Ich.

Und das glänzendste Beispiel eines Menschen, der nicht voll vorbereitet in diese Region in der neueren Zeit hineingegangen ist, das glänzendste Beispiel ist dasjenige, das in anderem Zusammenhang von Dr. *Husemann* hier schon charakterisiert worden ist. Das glänzende Beispiel ist *Friedrich Nietzsche.* Friedrich Nietzsche ist ja eine eigentümliche Persönlichkeit. Er ist in einer gewissen Weise gar kein Gelehrter. Er ist kein gewöhnlicher Wissenschafter. Aber er hat mit einer ungeheuer genialischen Begabung, aus der Geschlechtsreife der Jugend herauswachsend, in die wissenschaftlichen Forschungen hineinwachsend, er hat mit einer ungeheuer genialischen Begabung dasjenige aufgenommen, was eine gegenwärtige Wissenschaftlichkeit bieten kann. Daß er mit all diesem Aufnehmen nicht im gewöhnlichen Sinne ein Gelehrter wurde, das zeigt einfach die Tatsache, wie ihm ein Mustergelehrter der heutigen Zeit, so recht ein Mustergelehrter der heutigen Zeit, gleich nach seiner ersten Jugendpublikation entgegengetreten ist, nämlich *Wilamowitz.* Nietzsche hatte sein Werk erscheinen lassen «Die Geburt der Tragödie aus dem Geiste der Musik», in dem anklingt diese Bereitschaft, hineinzukommen in die Initiation, hineinzukommen in das Musikalische, Inspiratorische. Der Titel schon trägt diese Sehnsucht, hineinzuwachsen in dasjenige, was ich charakterisiert habe, aber es war nicht da. Es gab auch in der Zeit Nietzsches keine bewußte Geisteswissenschaft, aber indem er sein Werk betitelte: «Die

Geburt der Tragödie aus dem Geiste der Musik», deutete er darauf hin, daß er aus diesem Geiste der Musik heraus eine Erscheinung wie zum Beispiel die Wagnersche Tragödie begreifen wollte. Und er wuchs immer mehr und mehr hinein. Also ich sagte, es trat gleich Wilamowitz auf, der gegen dieses Werk «Die Geburt der Tragödie» dann seine Broschüre schrieb, in der er vom wissenschaftlichen Standpunkte aus dasjenige, was der ungelehrte, aber nach Erkenntnis trachtende Nietzsche geschrieben hat, ganz und gar abtat. Vollständig berechtigt vom Gesichtspunkte der modernen Wissenschaft. Und im Grunde genommen versteht man doch nicht, wie ein so ausgezeichneter Mann wie *Erwin Rohde* geglaubt hat, es könne ein Kompromiß zwischen dieser modernen Wilamowitzschen Philologie und demjenigen, was als ein noch dunkles Streben, als eine Sehnsucht nach Initiation, nach Inspiration in Nietzsche lebte, geschlossen werden. Das, was Nietzsche so aufgenommen hatte in sich selber, was er in sich selber so ausgebildet hatte, das wuchs dann hinein in die andern Bestände des gegenwärtigen Wissenschaftslebens. Es wuchs hinein in den Positivismus, namentlich wie er von dem Franzosen *Comte,* von dem Deutschen *Dühring* ausgegangen ist. Ich habe selbst noch, als ich Nietzsches Bibliothek ordnete in den neunziger Jahren, all die, ich möchte sagen, gewissenhaft gemachten Striche Nietzsches am Rande der Dühringschen Werke gesehen, aus denen heraus er den Positivismus studiert hatte, in sich aufgenommen hatte, ich habe selbst noch alle diese Werke in der Hand gehabt. Ich lebte gewissermaßen in der Art und Weise, wie Nietzsche den Positivismus aufnahm, und konnte mir eine Vorstellung machen, wie er nun wiederum in die Region des außerleiblichen Lebens hineinkam und wie er da den Positivismus wiederum ohne gehörige Durchdringung dieser Region mit dem Ich durchlebte, so daß jetzt solche Werke von ihm entstanden wie «Menschliches, Allzumenschliches» und dergleichen, die eine fortwährende Vibrierung zwischen dem Nicht-sich-Bewegenkönnen in einer Inspirationswelt und dem doch Sich-Haltenwollen in der Inspirationswelt darstellen. Ich möchte sagen, an dem aphoristischen Gang des Nietzsche-Stiles in diesen Werken merkt man, wie Nietzsche bestrebt ist, das Ich hineinzubringen, wie es aber immer wiederum abreißt, wie er es daher nicht zur systematischen, zur künstlerischen Darstellung bringt, sondern nur zum Aphorismus. Gerade an dem Immer-Abreißen des geistigen Lebens im Aphorismus enthüllt sich das Innerlich-Seelische dieses merkwürdigen Geistes. Und dann steigt er auf zu demjenigen, was ja die größten Rätsel aufgegeben hat dem neueren Forschen, der neueren äußeren Wissenschaft, er steigt auf zu dem, was im Darwinismus lebt, was in der Evolutionstheorie lebt, was zeigen will, wie aus dem einfachsten, primitivsten Organismus die kompliziertesten sich allmählich gebildet haben. Er lebt sich ein in diese Welt, in diese Welt, in die ich versucht habe, in bescheidener Weise – in meinen Auseinandersetzungen mit *Haeckel* können Sie das genau verfolgen – in meinem Buche «Die Rätsel der Philosophie» inneren Halt und innere Beweglichkeit hineinzubringen. Nietzsche lebt sich ein. Aus seiner Seele ringt sich heraus, ich möchte sagen, der Überevolutionsgedanke. Indem er verfolgt die Evolution bis zum Menschen, sprengt sich diese Evolutionsidee und sie führt zu seinem Übermenschentum. Indem er verfolgt dieses Sich-Bewegen der evolutionierenden Wesenheiten, verliert er, weil er durch Inspiration den Inhalt nicht bekommen kann, diesen Inhalt und muß in der inhaltslosen Idee von der ewigen Wiederkehr leben.

Es ist nur die innere gediegene Natur Nietzsches gewesen, die ihn nicht hineintrieb in dasjenige, was der Pathologe die Zweifelsucht nennt. Es ist dasjenige, was in Nietzsche eben lag, eine auf dem Grunde seiner Krankheit sich abspielende große Gesundheit, die er selber spürte, die sich geltend machte, was ihn nicht hineinkommen ließ in den völligen Skeptizismus, sondern was ihn aussinnen ließ dasjenige, was dann der Inhalt gerade seiner begeisterndsten Werke ist. Kein Wunder, daß dieser Gang in die geistige Welt hinein, dieses Streben, aus dem Musikalischen zum inneren Worte, zur inneren Wesenheit zu kommen, indem es gipfelte in dem Unmusikalischen der Wiederkehr des Gleichen, indem es gipfelte in dem inhaltslos, nur lyrisch zu empfindenden Übermenschen, kein Wunder, daß das enden mußte in demjenigen Zustande, den dann zum Beispiel der behandelnde Arzt einmal als einen atypischen Fall der Paralyse bezeichnete.

Ja, derjenige, der nicht kannte das innere Leben Nietzsches, der es nicht zu beurteilen vermochte vom Standpunkte des Geistesforschers, der wie ein bloßer Psychiater ohne inneren Anteil vor dieser Ideen- und Vorstellungswelt und Bilderwelt Nietzsches stand, der sprach hier dem konkreten Fall gegenüber etwas aus, was eben nur das Abstrakte ist gegenüber dem Konkreten. Der ganzen Natur gegenüber sprach 1872 Du Bois-Reymond «Ignorabimus». Denjenigen Fällen gegenüber, die ungewöhnlich sind, spricht der Psychiater: Paralyse, atypische Paralyse. Denjenigen Fällen, die so auftreten, daß sie ganz herausgerissen sind aus unserer gegenwärtigen Menschheitsentwickelung, steht der Psychiater gegenüber und er spricht «Ignorabimus» im konkreten Falle, oder «Ignoramus». Es ist nur die Übersetzung desjenigen, was dann in die Worte gekleidet wird: atypischer Fall von Paralyse.

Das zerriß endlich diesen Leib Nietzsches. Das brachte dasjenige hervor, was das Phänomen Nietzsche innerhalb unserer gegenwärtigen Geisteskultur ist. Das ist die andere Form, wie bei hochkultivierten Menschen die psychiatrisch zu betrachtende Zweifelsucht, die Grübelsucht, der Hyperskeptizismus auftreten. Und das Phänomen Nietzsche – ich darf da eine persönliche Bemerkung einfügen – stand mir in dem Augenblicke, mich erschauernd, vor Augen, als ich einige Jahre nach Nietzsches Erkrankung in Naumburg in Nietzsches kleine Stube eintrat, wo er auf dem Sofa lag, wo er nach dem Essen hinstierte, niemanden aus seiner Umgebung kannte, wo er wie ein völlig Blöder, aber noch mit einem Lichte im Auge, das von der ehemaligen Genialität durchstrahlt war, einem entgegenblickte.

Wenn man nun diesen Nietzsche anschaute mit all dem, was man erleben konnte an Nietzsches Weltanschauung, an Nietzsches innerer Vorstellung und Bilderwelt, wenn man dann, nicht wie der bloße äußere Psychiater, mit diesem Bilde in der eigenen Seele vor diesen Nietzsche, vor diese Ruine, vor dieses Wrack in bezug auf das physische Leben hintrat, dann, dann wußte man: Dieses Menschenwesen wollte hineinschauen in die Welt, die da wird durch Inspiration. Es drang nichts aus dieser Welt ihm entgegen. Und dasjenige, was hinein wollte in diese Welt, was nach der Inspiration verlangte, es löschte sich zuletzt aus, es erfüllte als ein inhaltsloses Seelisch-Geistiges noch jahrelang den Organismus.

Man konnte die ganze Tragik unserer modernen Kultur, ihr Streben nach der geistigen Welt, ihr Sich-Hinneigen zu dem, was aus der Inspiration kommen kann, an einem solchen Anblick lernen. Das war für mich – ich scheue mich eben nicht, dieses Persönliche hier anzuführen – einer derjenigen Augenblicke, die man auch goethisch deuten kann. *Goethe* sagt: Die Natur hat kein Geheimnis in sich, das sie nicht an irgendeiner Stelle offenbar machen würde. – Nein, die ganze Welt hat kein Geheimnis in sich, das sie nicht an irgendeiner Stelle offenbar machen würde. Die gegenwärtige Entwickelung der Menschheit trägt das Geheimnis in sich, daß aus dieser Menschheit heraus sich einfach ein Streben geltend macht, eine Tendenz, ein Impuls geltend macht, der rumort in unseren sozialen Umwälzungen, die durch unsere Zivilisation gehen, der hineinschauen will in die geistige Welt der Inspiration. Und Nietzsche war als Menschenwesen der eine Punkt, wo die Natur ihr offenbares Geheimnis enthüllt, wo sich einem verraten konnte, was über die ganze Menschheit hin heute ein Streben ist, was wir wollen müssen, wenn nicht all die Menschen, die der Bildung entgegenstreben, die in die moderne Wissenschaft hineinstreben – und das wird nach und nach die ganze zivilisierte Menschheit tun, denn das Wissen muß populär werden –, wenn die Menschen nicht ihr Ich verlieren sollen und Zivilisation in Barbarei übergehen soll.

Das ist die eine große Kultursorge, die eine große Zivilisationssorge, die demjenigen sich auflastet, der den gegenwärtigen Gang der Menschheitsgeschichte verfolgt und das Ziel hat, zu einem sozialen Denken zu kommen. Nach der andern Seite machen sich ähnliche Erscheinungen geltend, nach der Bewußtseinsseite. Und auch nach dieser Bewußtseinsseite hin werden wir wenigstens kurz diese Erscheinungen zu studieren haben, werden sehen, wie auch da aus dem ganzen Chaos des gegenwärtigen Menschenlebens heraustreten die andern Erscheinungen, die pathologisch uns ebenso entgegentreten, die seit *Westphal*, *Falret* und andern beschrieben werden, die nicht durch Zufall erst in den neueren Dezennien beschrieben werden. Es treten uns auf der andern Seite, gegen die Bewußtseinsgrenze hin, ebenso die Erscheinungen der Klaustrophobie, der Astraphobie, der Agoraphobie entgegen, wie uns die Zweifelsucht entgegentritt nach der Materieseite hin. Und ebenso – das werden wir noch zu besprechen haben –, wie die pathologische Zweifelsucht durch das Kultivieren der Inspiration kulturhistorisch geheilt werden muß, wie das eine der großen sozialethischen Aufgaben der Gegenwart ist, so ist das drohende Hereinbrechen derjenigen Erscheinungen, die ich morgen noch werde zu besprechen haben, der Klaustrophobie, der Astraphobie, der Agoraphobie, das andere, das störend auftritt, und das wir durch die Imagination werden bezwingen können, die wir der modernen Zivilisation zum sozialen Heile der Menschheit werden einzufügen haben.

SECHSTER VORTRAG

Dornach, 2. Oktober 1920, vormittags

Wir schlossen gestern damit, daß wir hinstellten dasjenige, was sich an der einen Grenze des menschlichen Naturerkennens für ein wirkliches, wahrhaftes Erkennen ergibt, wir schlossen damit, daß die Inspiration charakterisiert wurde. Ich habe Sie darauf aufmerksam gemacht, wie der Mensch durch die Inspiration hineinwächst in eine geistige Welt, in der er sich dann selber darinnen weiß, in der er sich zugleich außerhalb seines Leibes weiß, und ich habe Ihnen gezeigt, wie dieses Hineinwachsen aus einem gewissermaßen tonlosen musikalischen Elemente herauf bis zum Hineinwachsen in ein individualisiertes wesenhaftes Element geschieht. Es ist wohl auch aus den gestern gemachten Bemerkungen über den Hyperkritizismus und den Hyperskeptizismus hervorgegangen, daß pathologische Zustände beim Menschen entstehen können, wenn dieses Herausgehen des Menschen aus seinem Leibe gewissermaßen geschieht ohne die Mitnahme des Ich, wenn der Mensch nicht sein volles Bewußtsein, sein Ich-Bewußtsein in diejenigen Zustände mit hineinverwebt, die er während der Inspiration eben durchlebt. Wenn der Mensch dieses sein Ich in diese Inspiration hineinbringt, dann ist dieses ein gesunder, ja ein notwendiger Fortschritt im menschlichen Erkennen. Wenn der Mensch aber in einer Kulturepoche, wie die gegenwärtige es ist, wo einfach die menschliche Wesenheit nach diesem Freiwerden vom Organismus strebt, wenn er instinktiv, unbewußt, krankhaft die Sache über sich kommen läßt, dann kommen eben jene krankhaften Zustände heraus, von denen gestern gesprochen worden ist. Wir haben gewissermaßen in unserer menschlichen Natur die zwei Pole. Entweder können wir auf der einen Seite hinsehen zu dem, was uns einen freien geistigen Ausblick in höchste Wirklichkeiten bietet, oder wir können, indem wir es vermeiden, indem wir nicht den Mut dazu aufbringen, vollbewußt in diese Region hineinzudringen, sondern uns treiben lassen von den unbewußten Kräften der Menschennatur, wir können in eine Erkrankung des menschlichen Organismus hinein verfallen. Und schlimm wäre es, zu glauben, daß man geschützt wäre vor dieser Erkrankung, wenn man vermiede das Hineinstreben in die wirkliche geistige Welt. Der Krankheit verfällt man sowieso, wenn die Instinkte den astralischen Leib, wie wir dann sagen, heraustreiben aus der menschlichen Organisation. Und dasjenige, was erlebt wird dadurch, daß wir – wenn wir auch nicht selbst forscherisch hineinkommen in diese geistige Welt, die charakterisiert worden ist – bloß durch das vernünftige Begreifen die Ideen der Geisteswissenschaft aufnehmen, das schützt uns voll, insbesondere in der gegenwärtigen Zeit, vor dem ungesunden Verfallen in jene pathologischen Zustände, wenn sie auch nur seelisch auftreten, die gestern charakterisiert werden mußten nach der einen Seite.

Was aber tragen wir eigentlich hinein in die höhere Welt, wenn wir das volle Bewußtsein hineintragen? Sie brauchen ja nur ein wenig die Entwickelung des Menschen von seiner Geburt an zu verfolgen bis zum Zahnwechsel hin und über den Zahnwechsel hinaus, so werden Sie finden, daß neben der Entwickelung von Sprache, Denken und so weiter ein besonders bedeutsames Element in dieser menschlichen Entwickelung die allmähliche Entstehung und Umbildung des Gedächtnisses ist. Und wenn Sie dann hinschauen auf das menschliche Leben in seinem Verlaufe, so werden Sie die ganze Wichtigkeit des Gedächtnisses für ein volles Menschendasein begreifen. Wenn durch irgendwelche krankhaften Zustände das Gedächtnis unterbrochen ist, so daß wir uns an gewisse Erlebnisse, die wir gehabt haben, nicht erinnern, daß gewissermaßen eine Diskontinuität des Gedächtnisses eintritt, dann verfallen wir einer schweren Seelenkrankheit, denn wir fühlen gewissermaßen den Ich-Faden, der sonst durch unser Leben geht, abreißen. Dieses Gedächtnis – Sie können das auch in meiner «Theosophie» nachlesen – hängt eng an dem Ich. Daher dürfen wir auch nicht verlieren dasjenige, was sich im Gedächtnis äußert, wenn wir diesen Weg, den ich gestern charakterisiert habe, zurücklegen. Wir müssen gewissermaßen die Kraft in unserer Seele, die uns mit dem Gedächtnis ausstattet, mit hinausnehmen in die Welt der Inspiration.

Aber, wie sich in der Natur alles verändert, wie die Pflanze ihr grünes Blatt, indem sie emporwächst, in die roten Blumenblätter verwandelt, wie in der Natur alles auf Metamorphose beruht, so ist es auch in dem, was das Menschenleben durchläuft. Wenn wir unter dem Einfluß des vollen Ich-Bewußtseins die Kraft des Gedächtnisses wirklich heraustragen in die Welt der Inspiration, so verwandelt es sich, so metamorphosiert es sich. Daher macht man auf der einen Seite die Erfahrung, daß man in demjenigen Momente seines Lebens, wo man als Geistesforscher in Inspiration ist, daß man in diesem Momente seines Lebens das gewöhnliche Gedächtnis nicht zu seiner Verfügung hat. Dieses gewöhnliche Gedächtnis hat man nur zu seiner Verfügung im gesunden Leben im Leibe; in dem Leben außerhalb des Leibes hat man dieses Gedächtnis nicht zur Verfügung.

Daraus geht eine eigentümliche Tatsache hervor, die Ihnen vielleicht, indem ich sie Ihnen zum ersten Mal vor das Seelenauge führe, paradox erscheinen wird, die aber doch durchaus auf einer Realität beruht. Derjenige, der wirklich zum Geistesforscher geworden ist, der daher durch Inspiration konkret in wahre geistige Wirklichkeit, wie sie in meinen Büchern geschildert wird, eindringt, der muß sie jedesmal, wenn er sie im Bewußtsein haben will, neu erleben. Wenn daher jemand aus seiner Inspiration heraus spricht über die geistige Welt, nicht aus bloßen Notizen oder aus dem bloßen Gedächtnis, sondern wenn er unmittelbar dasjenige ausspricht, was sich ihm offenbart in der geistigen Welt, dann muß er jedesmal die Arbeit der geistigen Wahrnehmung neu vollziehen. Die Kraft des Gedächtnisses hat sich da verwandelt. Man hat nur die Kraft behalten, dasselbe immer wieder hervorzubringen. Daher hat es der Geistesforscher selbst nicht so leicht als der bloße Gedächtnismensch. Er kann nicht einfach irgendeine Mitteilung aus dem Gedächtnis wieder mitteilen, sondern er muß jedesmal neu produzieren, was sich ihm innerhalb der Inspiration darbietet. Und es ist ja damit im Grunde genommen nicht anders, als wie es ist gegenüber der gewöhnlichen physisch-sinnlichen Wahrnehmung. Sie können, wenn Sie wirklich wahrnehmen wollen in der physisch-sinnlichen Welt, nicht von den wahrgenommenen Dingen weggehen und an einer andern Stelle dieselbe Wahrnehmung haben. Sie müssen wiederum zu den Dingen zurückkehren. So muß der Geistesforscher im Geistigen wiederum zu demselben geistigen Bewußtseinsinhalte zurückkehren. Und wie man bei der physischen Wahrnehmung lernen muß, im Raume sich zu bewegen, damit man abwechselnd das eine oder das andere wahrnehmen kann, so muß der Geistesforscher, der zur Inspiration kommt, dahin gelangen, frei sich zu bewegen im Elemente der Zeit. Er muß gewissermaßen, wenn ich mich des paradoxen Ausdruckes bedienen darf, im Elemente der Zeit schwimmen können. Er muß mit der Zeit selber mitgehen lernen. Und wenn er dann dieses lernt, dann findet er, daß die Kraft des Gedächtnisses sich in ein anderes verwandelt hat, daß eine Metamorphose eingetreten ist mit der Kraft des Gedächtnisses. Das, was das Gedächtnis in der gewöhnlichen physisch-sinnlichen Welt geleistet hat, das muß er jetzt durch geistige Wahrnehmung ersetzen. Dasjenige aber, in das sich das Gedächtnis verwandelt hat, das gibt ihm die Wahrnehmung eines umfassenderen Ich. Jetzt wird zu einer Erkenntnistatsache diejenige der wiederholten Erdenleben. Jetzt wird das Ich in seiner Erweiterung erkannt. Jetzt, wo man das Gedächtnis, das zusammenhält die Ich-Gewalt zwischen Geburt und Tod, jetzt, wo man dieses Gedächtnis verwandelt hat, jetzt sprengt der Inhalt des Ich die Hülle, die nur *ein* Leben umfaßt, jetzt tritt die Erkenntnis von den wiederholten Erdenleben, zwischen denen ein rein geistiges Dasein zwischen dem Tode und einer neuen Geburt absolviert wird, jetzt tritt sie als etwas auf, was tatsächlich erkannt wird.

Nach der andern Seite, nach der Bewußtseinsseite, ergibt sich nun ein anderes, wenn man versucht, dasjenige zu vermeiden, was eine alte Anschauung des Geistigen, die ich Ihnen ja auch schon charakterisiert habe als diejenige der Vedantaphilosophien etwa, noch nicht kannte. Wir im Abendlande fühlen auf der einen Seite die Höhe der geistigen Anschauung, wenn wir uns in die alte orientalische Weisheit vertiefen. Wir fühlen, wie da die Seele hinaufgetragen wurde in der Vedantaphilosophie in geistige Regionen, in denen sie sich bewegen konnte, wie sich der Abendländer mit dem gewöhnlichen Bewußtsein nur bewegen kann innerhalb des mathematischen, des geometrischen, des analytisch-mechanischen Denkens. Aber wenn wir hinuntergehen in die breiten Regionen, die im Oriente dem gewöhnlichen Bewußtsein zugänglich waren, dann finden wir etwas, was wir Abendländer vermöge unserer vorgerückteren menschlichen Entwickelungsstufe nicht mehr vertragen können, wir finden einen weitgehenden Symbolismus, ein Allegorisieren gegenüber der äußeren Natur. Dieses Symbolisieren, dieses Allegorisieren, dieses Denken der äußeren Natur in Bildern, das ist dasjenige, wovon wir das deutliche Bewußtsein haben, es führt uns von der wahren Wirklichkeit, von dem wahren Hineinschauen in die Natur weg. Es ist übergegangen in gewisse Religionsbekenntnisse. Gewisse Religionsbekenntnisse wissen mit dieser in die Dekadenz gekommenen Symbolisierungskunst, mit dieser Mythisierungskunst nichts Rechtes mehr anzufangen. Für uns im Abendlande ist dasjenige, was der Morgenländer so in einer illusionären Welt unmittelbar angewendet hat auf die äußere Natur, womit er glaubte, in der äußeren Natur etwas erkennen zu können, für uns ist es so geworden, daß es nur einen Wert haben darf, indem wir es als innerliche Übung zum weiteren Geistesforschen gebrauchen. Wir müssen uns aneignen diejenige Seelenkraft, die der Morgenländer verwendet hat zum Symbolisieren, zum Anthropomorphisieren. Wir müssen diese Kraft innerlich ausüben und uns dabei voll bewußt bleiben, wir verfallen in Aberglauben, wir verfallen in Naturschwärmerei, wenn wir mit dieser Kraft etwas anderes tun als unsere Seele selber bilden. Ich werde über das Genauere, das Sie übrigens auch in meinem Buche «Wie erlangt man Erkenntnisse der höheren Welten?» finden, bei einer andern Gelegenheit noch vor Ihnen hier zu sprechen haben.

Aber indem man diese Kraft, die der Morgenländer nach außen wendet, innerlich als Kraft des Übens anwendet, indem man das bildliche Vorstellen zunächst in einer solchen Weise in sich ausbildet, gelangt man wirklich dazu, nach der andern Seite hin, nach der Bewußtseinsseite, Erkenntnisse zu entwickeln. Man gelangt allmählich dazu, das abstrakte, das bloß ideenhafte Denken umzuwandeln in bildhaftes Denken. Und dann tritt etwas ein, was ich nur nennen kann ein erlebendes Denken. Man erlebt das bildhafte Denken. Warum erlebt man es? Ja, man erlebt ja nichts anderes als dasjenige, was im Leibe selber wirkt in den ersten Kinderjahren, wie ich es Ihnen beschrieben habe. Man erlebt nicht den im Raume ruhig geformten und seine Form nicht ändernden menschlichen Organismus, sondern erlebt dasjenige, was im Menschen innerlich lebt und webt. Man erlebt es in Bildern. Man ringt sich allmählich hindurch zu einer Anschauung des wirklichen Seelenlebens. Da entwickelt sich auf der andern Seite zur Erkenntnis dasjenige, was im Bewußtsein drinnen ist, das imaginative Vorstellen, das Leben in Imaginationen. Und ohne das Vorrücken in dieses Leben der Imaginationen kommt die moderne Psychologie nicht weiter. Einzig und allein dadurch, daß zu Imaginationen vorgerückt werden wird, wird eine Psychologie, die über eine bloße Wortklauberei hinwegkommt, wiederum entstehen können, eine Psychologie, die wirklich hineinschaut in den Menschen.

Und ebenso wie jetzt die Zeit da ist, daß der Mensch sich herauslebt durch die allgemeinen Kulturverhältnisse aus seinem physischen Leibe, daß er entgegenstrebt der Inspiration, wie wir das an dem Beispiel Nietzsche gesehen haben, ebenso ist jetzt die Zeit da, daß der Mensch, wenn er sich selber erkennen will, zur Imagination sich hingeleitet fühlen muß. Der Mensch muß tiefer in sich hinein, als er es brauchte gegenüber den bisherigen Kulturverläufen. Der Mensch muß, wenn die Entwickelung nicht in die Barbarei hineinkommen soll, zu einer wahren Selbstschau kommen. Und das kann er nur durch das Entgegennehmen der Erkenntnis durch Imagination. Daß der Mensch in dieser Weise in sein Inneres hineinstrebt, daß er tiefer da untertauchen will in dem Inneren, als das im bisherigen Kulturverlauf der Fall ist, das zeigt sich uns wiederum an demjenigen, was als entstehende pathologische Krankheitsbilder in der besonderen modernen Form erst in jüngster Zeit beschrieben wird von denjenigen, die solches vom Gesichtspunkte der Psychiatrie oder der Medizin überhaupt studieren können. Das zeigt uns vor allen Dingen das Erscheinen der Agoraphobie, das Erscheinen der Astraphobie, der Klaustrophobie, Krankheitsformen, die in unserer Zeit besonders häufig auftreten. Und wenn sie in der Regel auch erst in ihrem psychiatrisch zu nehmenden Zustande beobachtet werden, dem feineren Beobachter aber ergibt sich noch etwas ganz anderes. Er sieht Agoraphobie, Astraphobie und so weiter im reinen Seelischen schon herauftauchen in der Menschheitsentwickelung, wie er die Inspiration herauftauchen sah in krankhafter Weise bei Friedrich Nietzsche, er sieht herauftauchen vor allen Dingen in den äußerlich oftmals noch als normal angesehenen Seelenzuständen dasjenige, was in Agoraphobie, in der Platzfurcht, in der

Raumesfurcht auftritt. Er sieht herauftauchen dasjenige, was herauftaucht in der Astraphobie, wenn die Leute etwas innerlich verspüren und nicht recht wissen, wie sie damit zurechtkommen, wenn dieses Innerlich-Verspüren so weit geht, daß zum Beispiel ihre Verdauungsorgane ergriffen werden und ihre Verdauung dadurch gestört wird. Er lernt erkennen dasjenige, was man nennen könnte Einsamkeitsfurcht, Klaustrophobie, wenn die Menschen nicht allein sein können, wenn sie in krankhafter Weise immer und überall nur sein können, wenn sie dabei Gesellschaft um sich haben und dergleichen. Diese Dinge kommen herauf. Diese Dinge zeigen, wie die Menschheit gegenwärtig nach der Imagination hin strebt, und wie ein Übel, das sonst ein Kulturübel werden müßte, nur durch die Imagination bekämpft werden kann. Platzfurcht – sie ist ja ein Übel, das sich bei manchen Menschen in einer erschreckenden Weise zeigt. Diese Menschen wachsen heran. Von einem gewissen Zeitpunkte ihres Lebens zeigen sich bei ihnen merkwürdige Zustände. Wenn sie aus einer Haustüre heraustreten auf einen Platz, der vielleicht menschenarm ist, so befällt sie eine für sie unergründliche Angst. Sie fürchten sich vor etwas, sie getrauen sich nicht einen Schritt weiter zu machen auf dem leeren Platze, und wenn sie einen Schritt weiter machen, dann kann es ihnen passieren, daß sie in die Knie sinken oder vielleicht sogar umfallen, daß sie von einer Ohnmacht befallen werden. In dem Augenblicke, wo nur ein Kind kommt, ergreift der Betreffende den Arm des Kindes, oder er hält nur seine Hand an den Körper des Kindes hin, und in diesem Augenblick fühlt er sich wiederum innerlich durchkraftet, die Agoraphobie geht zurück. Ein Fall, der in der medizinischen Literatur beschrieben ist, ist besonders interessant. Ein junger Mann, der sich sogar stark genug fühlte, Offizier zu werden, wird gerade bei einem Manöver, als er hinausgeschickt wird, irgendwo eine Gegend aufzuzeichnen, von Platzfurcht befallen. Seine Finger zittern, er kann nicht zeichnen; da, wo er eine Leere um sich hat oder wenigstens etwas, was er als Leere empfindet, da wird er von einer Angst befallen, die er sogleich als etwas Krankhaftes empfindet. Es ist in der Nähe einer Mühle. Er muß sich immer, damit er überhaupt seine Pflicht erfüllen kann, ein kleines Kind neben sich hinstellen, und nur daß es dasteht, das macht es, daß er nun wieder zeichnen kann. Wir fragen uns: Woher solche Erscheinungen? Woher zum Beispiel die andern Erscheinungen, daß es Menschen gibt, die, wenn sie des Nachts irgendwie vergessen haben, was vielleicht schon einer längeren Gewohnheit bei ihnen entspricht, die Türe zu öffnen zu ihrem Schlafzimmer, aus dem Schlafe schweißtriefend erwachen und nicht anders können, als aufspringen, die Türe aufzumachen; denn sie können nicht in einem Raume, der abgeschlossen ist, sein. Es gibt solche Menschen, die dazu kommen, daß sie alle Fenster und alle Türen offen haben müssen, daß sie sogar, wenn das Haus in einem Hof ist, das Hoftor offen lassen müssen, damit sie das Bewußtsein haben, daß sie Freiheit haben, jederzeit in den Raum hinauszukommen. Diese Klaustrophobie, das ist etwas, was man auch schon heraufkommen sieht, wenn es auch nicht in dieser radikalen Form häufig auftritt, etwas, was man heraufkommen sieht, wenn man die Seelenzustände der Menschen genauer zu beobachten vermag.

Und dann gibt es Menschen, sie fühlen bis zu physischen Zuständen etwas Unerklärliches in ihrem Leibe. Was ist es? Es ist ein herannahendes Gewitter, oder es sind andere atmosphärische Zustände. Es gibt heute sonst sehr gescheite Menschen – sie müssen die Vorhänge herunterlassen, wenn es blitzt oder donnert, sie müssen dann in einem dunklen Raum sein, denn dadurch allein können sie sich schützen gegen dasjenige, was sie erleben von den atmosphärischen Kräften her. Das ist die Astraphobie. Woher kommen diese Zustände, die wir im Seelenleben von heute schon sehr deutlich bemerken, insbesondere bei denjenigen Menschen, die sich lange hingeben einem gewissen Dogmatismus, gläubig hingeben; bei denen bemerkt man, wenn es auch noch nicht ins Physische übergeht, seelisch ganz genau diese Zustände. Sie sind ja im Anfange. Sie treten da störend auf gegenüber einer ruhigen, gelassenen Erfassung des Lebens, sie treten auch so auf, daß sie allerlei krankhafte Zustände hervorrufen, die, weil sich das physische Bild der Klaustrophobie oder der Agoraphobie oder der Astraphobie nicht gleich zeigt, allem möglichen zugeschrieben werden, während sie in Wahrheit zuzuschreiben sind der besonderen Konfiguration des Seelenlebens, das hereinbricht in den Menschen.

Woher kommen denn solche Zustände? Sie kommen davon her, daß wir nicht nur müssen unser Seelenleben leibfrei empfinden lernen, sondern wir müssen es wiederum zurücktragen, dieses leibfrei empfundene Seelenleben, in den physischen Organismus, wir müssen es mit Bewußtsein untertauchen lassen. Geradeso wie sich zwischen der Geburt und dem Zahnwechsel aus dem Leibe herausschält dasjenige, was ich Ihnen im Laufe dieser Vorträge schon charakterisiert habe, so taucht dasjenige, was außen erlebt wird, was wir astralisches Erlebnis nennen können, wiederum unter in den menschlichen physischen Organismus zwischen dem Zahnwechsel und der Geschlechtsreife. Und dasjenige, was sich im Geschlechtsreifwerden abspielt, das ist nichts anderes als dieses Untertauchen zwischen dem etwa siebenten und etwa vierzehnten Lebensjahre. Es muß dasjenige, was der Mensch unabhängig als Seelisch-Geistiges hat, wiederum untertauchen in den Organismus. Und dasjenige, was dann als physische Liebe auftritt, was als Geschlechtstrieb auftritt, das ist nichts anderes als das Ergebnis dieses Untertauchens, das ich Ihnen beschrieben habe. Dieses Untertauchen, das muß man genau kennenlernen. Durch solche Anleitungen, wie die sind, von denen ich noch bei anderer Gelegenheit vor Ihnen hier sprechen werde, muß dieses im vollbewußten, gesunden Zustande derjenige bewirken können, der nach der Bewußtseinsseite hin eine wahre Erkenntnis erringen will, das heißt, er muß untertauchen lernen in den Leib. Dann wird man dasjenige, was sich da darbietet, zunächst als imaginative Vorstellung des Innerlichen erleben. Und das genügt nicht, daß man ein äußeres, plastisch-räumliches Formvorstellen hat, es genügt zu diesem Üben erst, wenn man ein bewegtes Formvorstellen hat, wenn man allmählich überhaupt alles Räumliche überwinden kann in dieser Imagination und man untertauchen kann in die Vorstellung eines Intensiven, eines Aus-sich-heraus-Wirkenden. Kurz, man muß untertauchen, so daß man dann im Untertauchen noch genau sich unterscheiden kann von seinem Leibe. Denn nur dasjenige kann man erkennen, was einem Objekt wird. Was mit einem Subjektiven verbunden bleibt, kann man nicht erkennen. Kann man frei halten von einem unbewußten Untertauchen in den Leib dasjenige, was man außerhalb des Leibes erlebt, dann kommt man hinunter in diesen Leib, und man erlebt in dem Leib dasjenige, was das Wesen dieses Leibes bis zum Bewußtsein herauf ist, in Imagination, in Bildern. Derjenige aber, der diese Bilder gewissermaßen hineinschlüpfen läßt in den Leib, der sie nicht frei behält, dem nicht der Leib Objekt wird, sondern dem der Leib Subjekt bleibt, der nimmt das Raumesgefühl mit hinein in den Leib. Dadurch verwächst in einer Stärke, in der es nicht sein darf, das Astralische mit dem Leibe. Dadurch verwächst das Erleben der Außenwelt mit dem Inneren des Menschen, und der Mensch kann dann, weil er so dasjenige, was objektiv hätte werden sollen, zu einem Subjektiven macht, das Räumliche nicht mehr in normaler Weise erleben. Die Furcht vor dem leeren Raum, die Furcht vor den einsamen Orten, die Furcht vor dem im Raume ausgebreiteten Astralischen, vor dem Gewitterhaften, vielleicht sogar vor dem Mond- und Sternenhaften, tritt in einem auf. Er lebt zu stark in sich. Es ist daher notwendig, daß alle die Übungen, die zu dem imaginativen Leben führen, bewahren vor einem solchen zu starken Untertauchen in den Leib, daß man jetzt in den Leib hinuntertaucht in der Weise, daß man nicht das Ich hineintaucht. Wie man das Ich hinaus mitnehmen muß in die Welt der Inspiration, so darf man es nicht mit hineinnehmen in die Welt der Imagination. Da hören auf, trotzdem man sich gerade durch das Symbolisierende, durch das bildhafte Vorstellen vorbereitet hat, da hören jetzt auch auf alle Phantasiebilder. Aber es treten auf die objektiven Bilder. Nur dasjenige, was eigentlich in der menschlichen Gestalt lebt, das hört auf, sich als ein Objekt vor den Menschen hinzustellen. Man verliert die äußere menschliche Gestalt und es tritt auf die Mannigfaltigkeit, die sich gewissermaßen herauslebt aus dem Ätherischen des Menschen. Der Mensch sieht jetzt nicht seine einheitliche menschliche Gestalt, sondern die Mannigfaltigkeit all jener Tierformen, deren synthetisches Durcheinander- und Zusammenformen die menschliche Gestalt ist. Er lernt erkennen auf eine innerliche Weise dasjenige, was im Pflanzenreich, was im Mineralreich lebt. Er lernt jetzt erkennen dasjenige, was er durch Atomismus und Molekularismus niemals erkennen kann, was im Tier-, Pflanzen- und Mineralreich wirklich drinnenlebt. Durch innere Selbstschau lernt er das erkennen. Und was macht es, daß wir unser Ich nicht hineintragen in diesen physischen Leib, wenn wir zur Imagination streben? Das allein macht es, daß wir in uns ausbilden in einer höheren Weise, als das im gewöhnlichen Leben ist, wo es durch die Leibkräfte des Sinnlichen geführt wird, die Kraft der Liebe; daß wir uns aneignen die selbstlose Kraft der Liebe, das Egoismusfreisein auch gegenüber dem Reiche der Natur, nicht bloß gegenüber dem Reiche der Menschheit; daß wir es über uns bringen, getragen sein zu lassen alles dasjenige, was uns zur Imagination hinführt, durch die Kraft der Liebe; daß die Kraft der Liebe niemals draußen ist aus einem Erkenntnisobjekte, das wir auf diese Weise suchen.

Wiederum haben wir die zwei auseinanderstrebenden Richtungen: die gesunde Art, die Kraft der Liebe in die Imagination hinein zu erstrecken, oder aber in krankhafter Weise die Furcht uns aufzuladen vor demjenigen, was draußen ist, weil wir das, was draußen ist, in unserem Ich erleben und es dann, ohne unser Ich zurückzuhalten, in den Leib hineintragen, wodurch entsteht Agoraphobie, Klaustrophobie, Astraphobie. Aber ein höchstes Erkennen steht uns wiederum in Aussicht, wenn wir dasjenige in gesunder Weise entwickeln, was in krankhafter Weise der menschlichen Zivilisation droht und sie hineinführen würde in die Barbarei.

Und nun erlangt man auf diese Weise eine wirkliche Erkenntnis des Menschen. Man gelangt hinaus über all dasjenige, was die Anatomie, Physiologie, Biologie wissen kann, und man gelangt hinein in eine wirkliche Erkenntnis des Menschen, indem man seine Organisation nun wirklich durchschaut. O diese menschliche Selbsterkenntnis, sie nimmt sich anders aus, als viele nebulosierende Mystiker glauben, die meinen, wenn sie da untertauchen, dann offenbare sich ihnen irgendein abstraktes Göttliches. O nein, ein reiches Konkretes offenbart sich, das aber Aufschluß gibt über die menschliche Organisation, über Lunge, Leber und so weiter, und das erst die Grundlage sein kann für eine wirkliche Anatomie, für eine wirkliche Physiologie, das erst die Grundlage sein kann für eine wirkliche Erkenntnis des Menschen und auch für eine wirkliche Medizin. Man hat zwei Kräfte in der Menschennatur entwickelt, die eine, die Kraft der Inspiration nach der materiellen Seite hin, indem man im Materiellen allmählich die geistige Welt entdeckt, was sich erweitert zu jenem Tableau, das Ihnen hier Herr *Arenson* geschildert hat; die andere Kraft, indem man entdeckt nach innen hinein diejenigen Welten, die zugrunde gelegt werden mußten, als ich schon im Frühjahr hier vor fast vierzig Ärzten, Fachleuten der Medizin, vorgetragen habe, wie man den Menschen wirklich erkennen muß, wenn man eine wahre medizinische Wissenschaft begründen will.

Aber diese zwei Kräfte, die der Inspiration und die der Imagination, sie können sich vereinigen. Das eine kann sich in das andere einleben. Aber es muß in Vollbewußtheit und in einem Ergreifen des Kosmos in Liebe geschehen. Dann entsteht ein Drittes, ein Zusammenfluß von Imagination und Inspiration in der wahren, in der geistigen Intuition. Da erheben wir uns dann zu demjenigen, was einheitlich erkennen läßt die äußere materielle Welt als eine geistige, die innere geistig-seelische Welt mit ihren materiellen Grundlagen, was erkennen lehrt die Erweiterung des menschlichen Lebens über das Erdenleben hinaus, wie es Ihnen auch hier in andern Vorträgen dargestellt worden ist. Man lernt so auf der einen Seite erkennen das Pflanzenreich, Tierreich, Mineralreich nach ihren inneren Essenzen, nach ihren geistigen Gehalten durch die Inspiration, und man begründet dadurch, daß man durch die Imagination die menschlichen Organe kennenlernt, eine wirkliche Organologie, und indem man dann in der Intuition zusammenfaßt dasjenige, was man über Pflanze, Tier und Mineral kennengelernt hat, mit demjenigen, was sich durch die Imagination ergibt über die menschlichen Organe, dadurch erhält man erst eine wahre Therapie, eine Heilmittellehre, die das Äußere in einem wirklichen Sinne anzuwenden vermag auf das Innere. Der wirkliche Arzt, er muß erkennen kosmologisch die Heilmittel, er muß erkennen anthropologisch oder eigentlich anthroposophisch die innere menschliche Organologie. Er muß erkennend die äußere Welt durch Inspiration begreifen, die innere Welt durch Imagination begreifen, und er muß sich erheben zur Therapie durch eine wirkliche Intuition.

Sie sehen, welche Perspektive sich vor uns aufschließt, wenn wir Geisteswissenschaft in ihrer wirklichen Gestalt zu erfassen vermögen. Allerdings hat dann diese Geisteswissenschaft noch manche von ihren äußeren Hüllen abzustreifen, manches von demjenigen, was ihr heute noch anhaftet bei vielen, die glauben, sie auch pflegen zu können an allerlei Phantastereien und an allerlei Dilettantismen. Geisteswissenschaft muß eine solche Methode des Forschens ausbilden, die sich rechtfertigen läßt vor dem strengen Mathematiker oder analytischen Mechaniker. Geisteswissenschaft muß auf der andern Seite völlig frei werden von allem Aberglauben. Geisteswissenschaft muß wirklich in lichter Klarheit Liebe noch entwickeln können, die sonst nur den Menschen befällt, wenn er sie aus den Instinkten heraus entwickeln kann. Dann aber ist Geisteswissenschaft ein Keim, der sich entwickeln wird und seine Kräfte aussenden wird in alle Wissenschaften und damit auch in das menschliche Leben.

Lassen Sie mich deshalb zum Ausklingen bringen dasjenige, was ich Ihnen in diesen Vorträgen zu sagen hatte, mit noch einer ganz kurzen Betrachtung. Vorher möchte ich sagen, daß ja selbstverständlich zwischen den Zeilen desjenigen, was ich ausgeführt habe, noch vieles zu lesen ist. Einiges von dem werde ich zum Lesen bringen, indem ich heute abend und morgen noch zwei Vorträge halten werde als eine Ergänzung desjenigen, was selbstverständlich in den kurzen Zeiten, die diesem Kurse zur Verfügung standen, nur angedeutet werden konnte. Dasjenige aber, was sich der Mensch erwirbt, indem er sich auf der einen Seite zur Inspiration, auf der andern Seite zur Imagination bringt, indem er dann Inspiration und Imagination in der Intuition vereinigt, das gibt ihm erst jene innerliche Freiheit und jene innerliche Kraft, die einen nun Begriffe fassen läßt, die man hineinstellen kann ins soziale Menschenleben. Und nur derjenige, der mit schlafender Seele die Gegenwart durchlebt, der kann vorübergehen an alldem, was in furchtbarer Weise herausbrodelt, schreckendrohend vor der Zukunft.

Was liegt geistig dem zugrunde? Geistig liegt dem zugrunde das, was man durch ein aufmerksames Studium der neuesten Entwickelung des Menschen bei ganz hervorragenden Persönlichkeiten wohl wahrnehmen kann. Wie hat man gestrebt im 19. Jahrhundert und in das 20. Jahrhundert herein, deutliche Begriffe zu bekommen, richtige innerliche, klare Impulse zu bekommen für drei Begriffe, die im sozialen Leben von allerhöchster Bedeutung sind, für den Begriff des Kapitals, für den Begriff der Arbeit, für den Begriff der Ware. Man sehe sich nur einmal um in der einschlägigen Literatur des 19. Jahrhunderts und des Beginnes des 20. Jahrhunderts, wie die Menschen gestrebt haben zu erkennen, was eigentlich Kapital im sozialen Prozeß bedeutet; wie dasjenige, was dann die Menschen in Begriffen erstrebten, in furchtbare Kämpfe der äußeren Welt übergegangen ist. Man sehe hinein, wie innig zusammenhängt mit dem in der neueren Zeit heraufkommenden besonderen Fühlen der Menschen dasjenige, was die Menschen eben fühlen und denken können über die Funktion, über die Bedeutung der Arbeit im sozialen Organismus, und man sehe dann die, ich möchte sagen, bodenlose Definition des Warebegriffes einmal an. Die Menschen strebten danach, drei praktische Begriffe zur Klarheit zu bringen. Heute sehen wir das Leben in der zivilisierten Welt sich so abspielen, daß in ihm überall lebt die Unklarheit gerade über die Dreiheit: Kapital, Arbeit, Ware. Und man kann nicht aufsteigen zur Beantwortung der Frage, was das Kapital für eine Funktion habe im sozialen Organismus. Man wird es erst, wenn man aus einer wahren Geisteswissenschaft heraus durch die vereinigte Imagination und Inspiration in der Intuition erkennen wird, daß überhaupt erst ein richtiger Impuls für die Kapitalwirksamkeit herausgeleitet werden kann aus dem Geistesleben als aus einem selbständig bestehenden Gliede des sozialen Organismus. Dieses Glied des sozialen Organismus richtig zu erfassen, dahin führt allein eine wirkliche Imagination. Und man wird etwas anderes erkennen. Man wird erkennen, daß man auch die Arbeit in ihrer Wirksamkeit für den sozialen Organismus nur erkennen wird, wenn man dasjenige, was ja als Arbeit sich vom Menschen absondert, was wegweist vom Menschen, nicht erst im Produkte erfaßt, so daß man das Warenprodukt in marxistischer Weise schildert als geronnene Arbeit oder gar geronnene Zeit, sondern dadurch, daß man erkennt, wie das sich vom Menschen Absondernde nur zu begreifen ist, wenn man überhaupt in ein Vorstellen, in ein freies Erleben desjenigen hineinkommt, was sich vom Menschen absondern kann. Der Arbeitsbegriff wird erst eine Klarheit gewinnen durch diejenigen, die wissen, was dem Menschen sich offenbart durch Inspiration.

Und dasjenige, was lebt in der Ware, ist der komplizierteste Begriff, der zunächst gefaßt werden kann. Denn kein einzelner Mensch reicht hin, um die Ware in ihrer Wirklichkeit im Leben zu erfassen. Will man Ware überhaupt definieren, dann weiß man nicht, was Erkenntnis ist. Ware kann man nicht definieren, denn definieren oder in Begriffe fassen kann man in diesem Zusammenhang nur dasjenige, was einen Menschen allein angeht, was ein Mensch allein mit seiner Seele umfassen kann. Ware aber lebt immer in dem Wechselverkehr zwischen mehreren Menschen und mehreren Menschentypen. Ware lebt im Wechselverkehr zwischen Produzenten, Konsumenten und demjenigen, der zwischen beiden vermittelt. Mit den armseligen Begriffen von Tausch und Kauf, die man ausgebildet hat unter einer Wissenschaft, die die Grenzen des Naturerkennens nicht richtig sieht, mit diesen armseligen Begriffen wird man niemals die Ware erfassen. Die Ware, das Arbeitsprodukt, es lebt zwischen mehreren Menschen, und wenn der einzelne Mensch sich unterfängt, die Ware zu erkennen als solche, dann ist das falsch. Die Ware muß in ihrer sozialen Funktion von der zusammenorganisierten Mehrheit von Menschen, von der Assoziation erfaßt werden. Sie muß von der Assoziation ergriffen werden, sie muß in der Assoziation leben. Erst wenn sich Assoziationen bilden, welche in sich verarbeiten dasjenige, was von den Produzenten, den Handelnden, den Konsumierenden ausgeht, erst dann wird, jetzt nicht vom einzelnen Menschen aus, sondern durch die Assoziation, durch die Arbeiterassoziationen, derjenige soziale Begriff entstehen, der als der Begriff der Ware in der Menschengruppe leben muß für ein gesundes Wirtschaftsleben.

Wird man sich dazu bequemen, aufzusteigen zu dem, was der Geistesforscher bringen kann aus der Welt der höheren Erkenntnis, dann wird man Begriffe bekommen über dasjenige, was im sozialen Leben entstehen muß, wenn wir weiterkommen wollen, wenn wir den Niedergang wiederum in einen Aufstieg verwandeln wollen. Daher ist es nicht bloß ein theoretisches Interesse, nicht bloß ein wissenschaftliches Bedürfnis, was da lebt in alldem, was hier in diesem Raume getrieben werden soll, sondern es ist im weitesten Umfange das Bedürfnis, daß dasjenige, was hier erarbeitet, was hier erforscht wird, Menschen reif mache, daß sie hinweggehen aus diesem Raume nach allen Seiten der Welt mit solchen Ideen, mit solchen sozialen Impulsen, die nun wirklich unserer niedergehenden Zeit aufhelfen können, die aufwärtsbringen können unsere so deutlich nach abwärts gehende Welt.

SIEBENTER VORTRAG

Dornach, 2. Oktober 1920, abends

Aus meinen Darlegungen über die Grenzen der Naturerkenntnis dürfte wenigstens andeutungsweise hervorgegangen sein, welcher Unterschied besteht zwischen dem, was innerhalb der Geisteswissenschaft Erkennen höherer Welten genannt wird und demjenigen Erkennen, von dem wir sprechen aus dem gewöhnlichen Bewußtsein heraus im alltäglichen Leben oder in der gewöhnlichen Wissenschaft. Im alltäglichen Leben und in der gewöhnlichen Wissenschaft bleiben wir stehen in bezug auf unsere Erkenntniskräfte bei demjenigen, was wir uns errungen haben durch die Erziehung, die gewöhnliche Erziehung, die uns bis zu einem gewissen Punkte des Lebens gebracht hat, und bei dem, was wir aus den vererbten Eigenschaften, aus den allgemein menschlichen Eigenschaften durch diese Erziehung zu machen vermögen. Dasjenige, was innerhalb der anthroposophisch orientierten Geisteswissenschaft Erkenntnis höherer Welten genannt wird, das beruht darauf, daß man gewissermaßen eine Weitererziehung, eine Weiterentwickelung selbst in die Hand nimmt, daß man ein Bewußtsein davon erwirbt, wie man ebenso, wie man als Kind vorwärtsrücken kann zu dem gewöhnlichen Bewußtsein, so im weiteren Lebenslauf durch Selbsterziehung aufrücken kann zu einem höheren Bewußtsein. Und diesem höheren Bewußtsein enthüllen sich dann erst diejenigen Dinge, die wir sonst vergebens suchen an den beiden Grenzen des Naturerkennens, an der materiellen Grenze und an der Bewußtseinsgrenze, wobei hier Bewußtsein als das gewöhnliche verstanden wird. Von einem solchen erhöhten Bewußtsein, durch das eine weitere Stufe von Wirklichkeiten dem Menschen zugänglich wird gegenüber der gewöhnlichen alltäglichen Wirklichkeit, von einem solchen Bewußtsein, von dem wir ja gesprochen haben, redeten in alten Zeiten die orientalischen Weisen, und sie haben durch diejenigen Mittel innerer Selbsterziehung, die eben ihren Rasseeigentümlichkeiten, ihrem Entwickelungsstadium entsprachen, eine solche höhere Entwickelung angestrebt. Erst wenn man erkennt, was dem Menschen sich offenbart durch eine solche höhere Entwickelung, bemerkt man völlig den Sinn desjenigen, was uns aus den alten orientalischen Weisheitsurkunden herüberstrahlt. Wenn man dann charakterisieren soll dasjenige, was als ihren Entwickelungsweg diese Weisen genommen haben, so muß man sagen: Es war ein Weg der Inspiration. – Es war eben damals die Menschheit gewissermaßen auf die Inspiration hin angelegt. Und es wird gut sein, wenn wir uns, um diese Entwickelungswege in die höheren Erkenntnisgebiete hinein zu verstehen, zunächst vorbereitend klarmachen, wie der Entwickelungsweg dieser alten orientalischen Weisen eigentlich war. Ich bemerke nur gleich von vornherein, daß dieser Weg durchaus nicht mehr derjenige unserer abendländischen Zivilisation sein kann, denn die Menschheit ist eben in Entwickelung begriffen, die Menschheit schreitet vorwärts. Und derjenige, der – wie es viele getan haben – wiederum zurückkehren will, um höhere Entwickelungswege zu betreten, zu den alten orientalischen Weisheitsanweisungen, der will die Entwickelung der Menschheit eigentlich zurückschrauben, oder er zeigt auch, daß er kein wirkliches Verständnis hat für das menschliche Vorwärtskommen. Wir leben mit dem gewöhnlichen Bewußtsein in unserer Gedankenwelt, in unserer Gefühlswelt, in unserer Willenswelt, und wir begründen dasjenige, was da als Gedanke, Gefühl und Wille in der Seele auf und ab wogt, wir begründen es zunächst, indem wir erkennen. Auch die äußeren Wahrnehmungen, die Wahrnehmungen der physisch-sinnlichen Welt sind es eben, an denen unser Bewußtsein eigentlich erst erwacht.

Nun handelt es sich darum, einzusehen, daß ein gewisses anderes Verhalten notwendig war für die orientalischen Weisen, für die sogenannten Initiierten des Orients, ein anderes Verhalten als dasjenige, das der Mensch im gewöhnlichen Leben hat in bezug auf die Behandlung der Wahrnehmungen, des Denkens, des Fühlens, des Wollens. Wir können zu einem Verständnis desjenigen kommen, was da eigentlich vorlag als ein Entwickelungsweg in die höheren Welten hinein, wenn wir auf folgendes hinsehen: Wir entwickeln ja in gewissen Lebensaltern zu einer größeren Freiheit, zu einer größeren Unabhängigkeit dasjenige, was wir Geistig-Seelisches nennen. Wir konnten charakterisieren, wie mit dem Zahnwechsel dasjenige Geistig-Seelische, das in den ersten Kindheitsjahren organisierend im Leibe wirkt, dann sich emanzipiert, gewissermaßen frei wird, wie dann der Mensch mit seinem Ich frei in diesem Geistig-Seelischen lebt, wie dieses Geistig-Seelische sich ihm ergibt, während es vorher, wenn ich mich so ausdrücken darf, beschäftigt war damit, den Leib durchzuorganisieren. Nun aber tritt, indem wir immer mehr und mehr in das Leben hineinwachsen, dasjenige auf, was zunächst für das gewöhnliche Bewußtsein die Entwickelung dieses freigewordenen Geistig-Seelischen in die geistige Welt hinein nicht aufkommen läßt. Wir müssen als Menschen in unserem Leben zwischen Geburt und Tod den Weg machen, der uns als geeignete Wesen in die äußere Erdenwelt hineinstellt. Wir müssen uns jene Fähigkeiten aneignen, die uns Orientierungsvermögen geben in der äußeren sinnlich-physischen Welt. Wir müssen uns auch diejenigen Fähigkeiten geben, die uns zu einem brauchbaren Gliede in dem sozialen Zusammenleben mit andern Menschen machen.

Dasjenige, was da auftritt, das ist ein Dreifaches. Ein Dreifaches bringt uns in den richtigen Zusammenhang insbesondere mit der äußeren Menschenwelt, regelt unseren Wechselverkehr mit der äußeren Menschenwelt: Das ist die Sprache, das ist das Vermögen, die Gedanken unseres Mitmenschen zu verstehen, das ist auch, ein Verständnis, gewissermaßen eine Wahrnehmung zu gewinnen von dem Ich des andern Menschen. Indem man diese drei Dinge sagt: Sprachewahrnehmung, Gedankenwahrnehmung, Ich-Wahrnehmung, spricht man etwas aus, was sich einfach ansieht, was aber für denjenigen, der in ernster, gewissenhafter Weise Erkenntnis anstrebt, keineswegs so einfach ist. Wir sprechen eben gewöhnlich nur von fünf Sinnen, zu denen dann die neuere Physiologie einige weitere, innere fügt. Also wir haben kein vollständiges System der Sinne innerhalb der äußeren Wissenschaft. Nun, über diesen Punkt werde ich noch hier vor Ihnen sprechen. Heute will ich aber nur bemerken, daß es eine Illusion ist, wenn man glaubt, daß mit dem Sinn des Gehörs, mit der Einrichtung des Gehörs und mit demjenigen, was eine heutige Physiologie träumt als Einrichtung des Gehörs, schon gegeben wäre auch das Sprachverständnis. Geradeso wie wir einen Gehörsinn haben, ebenso haben wir einen Sprachsinn. Damit ist nicht gemeint jener Sinn, man nennt ja auch das so, der uns zum Sprechen anleitet, sondern damit ist gemeint jener Sinn, der uns ebenso befähigt, die Sprachwahrnehmung zu verstehen, wie uns der Sinn des Ohres befähigt, die Töne als solche wahrzunehmen. Und wird man einmal eine vollständige Physiologie haben, dann wird man wissen, daß dieser Sprachsinn durchaus analog ist dem andern Sinn, daß er mit Recht als ein eigener Sinn angesprochen werden kann. Er ist nur mehr verbreitet innerhalb der menschlichen Organisation als manche andere, mehr lokalisierte Sinne. Aber er ist ein scharf zu umgrenzender Sinn. Und ebenso haben wir einen Sinn, der sich allerdings fast über unsere ganze Körperlichkeit ausdehnt, zur Wahrnehmung der Gedanken des andern. Denn dasjenige, was wir im Worte wahrnehmen, ist noch nicht der Gedanke. Wir brauchen andere Organe, eine andere Organisation als die bloße Wort-Wahrnehmungsorganisation, wenn wir durch das Wort hindurch verstehen wollen den Gedanken, den uns der andere mitteilt.

Und ebenso sind wir ausgestattet mit einem allerdings über unsere ganze Leibesorganisation ausgedehnten Sinn, den wir den Sinn für die Ich-Wahrnehmung des andern nennen können. In dieser Beziehung ist ja auch unsere Philosophie in der neueren Zeit, man möchte sagen, in die Kinderschuhe hineingeraten, denn man kann heute zum Beispiel oft hören, daß man sagt: Wir begegnen einem andern Menschen, wir wissen, ein Mensch ist so und so geformt. Dadurch, daß uns das Wesen, das uns begegnet, so geformt vorkommt, wie wir uns selber wissen und daß wir als Mensch Ich-behaftet sind, so schließen wir gewissermaßen durch einen unterbewußten Schluß: Aha, der hat auch ein Ich in sich. – Das widerspricht jedem psychologischen Tatbestand. Wer wirklich beobachten kann, der weiß, daß es eine unmittelbare Wahrnehmung ist, nicht ein Analogieschluß, durch die wir zu der Wahrnehmung des andern, des fremden Ich kommen. Es ist eigentlich nur ein Freund, möchte ich sagen, oder ein Verwandter der Göttinger *Husserl*-Schule, *Max Scheler,* der eben darauf gekommen ist auf dieses unmittelbare Wahrnehmen des Ich des andern. So daß wir, ich möchte sagen, nach oben hin, über die gewöhnlichen Menschensinne hinaus, noch zu unterscheiden haben drei Sinne, den Sprachsinn, den Gedankensinn, den Ichsinn. Diese Sinne, die kommen in demselben Maße im

Laufe der menschlichen Entwickelung hervor, in dem eben dasjenige hervorkommt, was sich nach und nach von der Geburt bis zum Zahnwechsel absondert in derjenigen Wesenheit, die ich Ihnen charakterisiert habe.

Diese drei Sinne, sie weisen uns zunächst auf den Wechselverkehr mit der andern Menschheit hin. Wir werden gewissermaßen hineingeleitet in das soziale Leben unter andern Menschen dadurch, daß wir diese drei Sinne haben. Aber der Weg, der durch diese drei Sinne genommen wird, der wurde eben zum Zwecke der höheren Erkenntnis von den alten, namentlich indischen Weisen in einer andern Art genommen. Es wurde für dieses Ziel der höheren Erkenntnis nicht so die Seele nach den Worten hin bewegt, daß man durch diese Worte zum Verständnis desjenigen kommen wollte, was ein anderer sagte. Es wurde die Seele mit ihren Kräften nicht so zu den Gedanken hingelenkt, daß man dabei die Gedanken des andern wahrnahm, und nicht so zum Ich hingelenkt, daß man dadurch mitfühlend wahrnahm dieses Ich des andern. Das wurde dem gewöhnlichen Leben überlassen. Wenn der Weise sozusagen aus seinem Streben nach der höheren Erkenntnis, aus seinem Verweilen in geistigen Welten, wiederum zurückging in die gewöhnliche Welt, dann brauchte er diese drei Sinne im gewöhnlichen Sinne. Dann aber, wenn er ausbilden wollte die Methode der höheren Erkenntnis, dann brauchte er diese drei Sinne in anderer Art. Er ließ gewissermaßen die Kraft der Seele nicht durchdringen durch das Wort beim Zuhorchen, beim Sprachwahrnehmen, um durch das Wort hindurch auf den andern Menschen begreifend zu kommen, sondern er blieb beim Worte selbst stehen. Er suchte nichts hinter dem Worte. Er lenkte den Strom des Seelenlebens nur bis zum Worte. Dadurch ergab sich ihm ein verstärktes Wahrnehmen des Wortes. Er verzichtete auf das Verstehen von etwas anderem durch das Wort. Er lebte mit seinem ganzen Seelenleben in das Wort hinein, ja er gebrauchte das Wort beziehungsweise die Wortfolge so, daß er sich ganz in das Wort hineinleben konnte. Er bildete gewisse Sprüche aus, einfache, wortschwere Sprüche, bei denen er ganz im Wortklange, im Worttone drinnen zu leben sich bestrebte. Und er ging mit seinem ganzen Seelenleben mit mit dem Klang des Wortes, den er sich vorsagte. Das führte dann zur Ausbildung solchen Lebens in Sprüchen, in den sogenannten «Mantren». Die mantrische Kunst, das Leben in den Sprüchen, es besteht darinnen, daß man nicht durch die Sprüche hindurch das Inhaltliche der Worte versteht, sondern daß man die Sprüche selbst wie ein Musikalisches erlebt, daß man die Sprüche selbst mit der eigenen Seelenkraft verbindet, daß man darinnen bleibt in den Sprüchen, daß man durch fortwährendes Wiederholen seine Seelenkraft, die in den Sprüchen lebt, verstärkt, daß man durch immer und immer fortwährendes Sich-Vorsagen dieser Sprüche seine Seelenkraft verstärkt. Diese Kunst, sie wurde nach und nach in hohem Maße ausgebildet und sie verwandelte jene Kraft, die wir sonst in der Seele tragen, um durch das Wort den andern Menschen zu verstehen, sie verwandelte diese Kraft in eine andere. Es ging in der Seele eine Kraft auf an dem Hersagen und Wiederholen des mantrischen Spruches, es ging in der Seele eine Kraft auf durch die Wiederholung des Mantrams, die nun nicht hinüberführte zu andern Menschen, sondern die hineinführte in die geistige Welt. Und hat man die Seele so erzogen an den Mantren, hat man es so weit gebracht, daß man innerlich verspürt das Weben und Strömen dieser Seelenkraft, die sonst unbewußt bleibt, weil alle Aufmerksamkeit auf das Verstehen des andern durch das Wort gerichtet ist, hat man es dazu gebracht, daß man solche Kraft so fühlt als eine seelische Kraft, wie man sonst fühlt die Muskelanspannung, wenn man mit dem Arm etwas ausführen will, dann hat man sich reif gemacht, zu erfassen dasjenige, was in der Kraft, in der höheren Kraft des Gedankens liegt. Im gewöhnlichen Leben sucht man durch den Gedanken hinüberzukommen zum andern Menschen. Mit dieser Kraft aber ergreift man den Gedanken in einer ganz andern Art. Man ergreift das Gedankenweben in der äußeren Wirklichkeit. Man lebt sich hinein in die äußere Wirklichkeit. Man lebt sich hinauf zu dem, was ich Ihnen beschrieben habe als Inspiration.

Und dann kommt man auch dahin auf diesem Wege, statt sich hinüberzuleben zum Ich des andern Menschen, sich hinaufzuleben zu den Ichen von individualisierten geistigen Wesenheiten, die uns ebenso umgeben, wie uns umgeben die Wesenheiten der sinnlichen Welt. Dasjenige, was ich Ihnen hier schildere, war für den alten orientalischen Weisen eine Selbstverständlichkeit. Er wanderte gewissermaßen seelisch so hinauf zu der Wahrnehmung einer Geistwelt. Er erlangte im höchsten Maße dasjenige, was man Inspiration nennen kann, und er war gerade für diese Inspiration organisiert. Er brauchte nicht so wie der Abendländer zu fürchten, daß sein Ich ihm irgendwie verlorengehen könne bei dieser Wanderung hinaus aus dem Leibe. Und in den späteren Zeiten, in denen, weil die Menschheit schon vorwärtsentwickelt war, auch der Zustand eintrat, daß man sehr leicht ohne sein Ich da hinauskommen konnte in die äußere Welt, da wurde Vorsorge getroffen. Es wurde dafür gesorgt, daß der Betreffende, der der Schüler der höheren Weisheit werden sollte, nicht ungeleitet in diese geistige Welt hineinkam und etwa in jene Zweifelsucht pathologisch verfiel, von der ich in diesen Tagen hier gesprochen habe. In den alten orientalischen Zeiten wäre das wegen der Rasseneigenschaft ja ohnedies nicht zu fürchten gewesen. Aber beim weiter Fortrücken der Menschheit war es doch zu fürchten. Daher jene Vorsicht, welche gerade in den orientalischen Weisheitsschulen strenge gebraucht worden ist, die Schüler zu verweisen darauf, daß sie sich anlehnten an eine nicht äußere Autorität – das, was wir heute unter Autorität verstehen, kam im Grunde genommen erst in der abendländischen Zivilisation auf –, sondern durch ein selbstverständliches Sich-Anpassen an die Verhältnisse suchte man zu entwickeln in dem Schüler ein Sich-Anlehnen an den Führer, an den Guru. Das, was der Führer darlebte, das, wie der Führer für sich drinnenstand ohne Zweifelsucht, ja auch nur ohne Hinneigung zur Zweifelsucht, in der geistigen Welt, das nahm einfach der Schüler wahr, und an diesem Wahrnehmen gesundete er selbst so weit bei seinem Hineingehen in die Inspiration, daß ihn die pathologische Zweifelsucht nicht erreichen konnte.

Aber auch wenn so dasjenige, was geistig-seelisch ist, bewußt herausgezogen wird aus dem physischen Leib, stellt sich ja dann ein anderes ein. Es stellt sich das ein, daß dann der Mensch wiederum eine Verbindung herstellen muß mit dem physischen Leib, die jetzt auch bewußter werden muß. Ich habe heute morgen gesagt, es darf nicht das Pathologische eintreten, daß der Mensch gewissermaßen nur egoismusbehaftet, nicht liebend, untertaucht in seinen physischen Leib, denn dadurch ergreift er in falscher Weise seinen physischen Leib. Auf naturgemäße Weise, so sagte ich, ergreift ja der Mensch seinen physischen Leib, indem er zwischen dem siebenten und vierzehnten Jahre diesem Leib den Liebesinstinkt einprägt. Aber gerade auch dieses naturgemäße Einprägen des Liebesinstinktes kann pathologisch verlaufen. Dann stellen sich eben diejenigen Schäden heraus, die ich als die pathologischen Zustände heute morgen geschildert habe. Das allerdings konnte auch den Schülern der alten orientalischen Weisen passieren, daß, wenn sie heraußen waren aus ihrem physischen Leib, sie nicht wiederum die Möglichkeit fanden, das Geistig-Seelische in der rechten Weise mit diesem physischen Leibe zu verbinden. Da wurde eine andere Vorsichtsmaßregel gebraucht, eine Vorsichtsmaßregel, auf die ja die Psychiater, manche wenigstens, zurückgekommen sind, indem sie Menschen, die an Agoraphobie oder dergleichen erkrankt sind, zu heilen hatten. Das sind Waschungen, kalte Waschungen. Das sind durchaus physische Maßregeln, die da zu ergreifen sind. Und wenn Sie hören, daß in den orientalischen Mysterien – das sind die Initiationsschulen, die Schulen, die zur Inspiration führen sollten – auf der einen Seite die Vorsichtsmaßregel der Anlehnung an den Guru gebraucht worden ist, so hören Sie auf der andern Seite von allem möglichen, was an Vorsichtsmaßregeln durch kalte Waschungen und Ähnliches angewendet worden ist. Versteht man die menschliche Natur so, wie man sie durch Geisteswissenschaft verstehen kann, dann versteht man auch dasjenige, was sonst ziemlich rätselhaft klingt in diesen alten Mysterien. Geschützt wurde der Mensch davor, daß er durch eine mangelhafte Verbindung seines Geistig-Seelischen mit dem Physischen ein falsches Raumgefühl bekam, ein falsches Raumgefühl, das ihn zu Platzfurcht und Ähnlichem treiben konnte, das ihn auch dazu treiben konnte, nun nicht in der regelrechten Weise seinen sozialen Verkehr mit dem andern Menschen zu suchen. Das ist ja eine Gefahr, aber eine Gefahr, die vermieden werden kann und soll und muß bei jeder Anleitung zur höheren Erkenntnis, das ist eine Gefahr, weil, wenn der Mensch auf diese Weise den Weg zur Inspiration sucht, wie ich es beschrieben habe, er dann in einer gewissen Weise ausschaltet die Wege der Sprache, des Denkens zum Ich, zu dem andern Menschen, und er dann, wenn er in krankhafter Weise sein Leibliches verläßt, auch wenn es nicht zum Zwecke einer höheren Erkenntnis ist, sondern wenn es nur herausgefordert ist durch pathologische Zustände, er dann abkommen kann davon, den Wechselverkehr mit den andern Menschen in der richtigen Weise zu pflegen. Er kann dadurch dann geradezu das, was sich in normaler, ja in zweckentsprechender Weise entwickelt durch geregelte Geistesforschung, er kann das abnorm pathologisch entwickeln. Dann stellt er eine Verbindung des Geistig-Seelischen mit seinem Leibe her, so daß er sich so egoistisch in seinem Leibe fühlt durch ein zu starkes Untertauchen in seinen Leib, daß er den Verkehr mit andern Menschen hassen lernt und er ein unsoziales Wesen wird. Man kann oftmals in recht fürchterlicher Weise die Folgen eines solchen pathologischen Zustandes in der Welt kennenlernen. Ich habe ein merkwürdiges Menschenexemplar dieser Gattung kennengelernt, ein Menschenexemplar, welches aus einer Familie stammte, die neigte zu einem gewissen Freiwerden des Geistig-Seelischen vom Physischen, die auch Persönlichkeiten in sich schloß – eine lernte ich auch sehr genau kennen –, die den Weg in die geistigen Welten hinein suchten. Aber gewissermaßen ein entartetes Individuum dieser Familie bildete dieselbe Tendenz in krankhafter, pathologischer Weise aus und kam zuletzt dazu, überhaupt nichts mehr an den eigenen Leib herankommen zu lassen, was irgendwie von der Außenwelt her an diesen Leib herankommen wollte. Essen mußte dieser Mensch wohl, aber – wir reden ja unter erwachsenen Menschen – waschen tat er sich mit seinen eigenen Ausscheidungen, weil er Furcht hatte vor jedem Wasser, das von der Außenwelt kam. Und was er sonst zu tun pflegte, um sich ganz und gar abzuschließen, das mag ich nun doch nicht schildern, was er alles tat, um diesen Leib abzusondern von der Außenwelt, um sich ganz und gar zu einem antisozialen Wesen zu machen, was er alles tat, weil sein Geistig-Seelisches zu tief eingetaucht war in die Leiblichkeit, weil es zu stark, zu intensiv verbunden war mit dieser Leiblichkeit.

Es liegt durchaus auch im Sinn des Goetheanismus, in dieser Weise das eine, das zum Höchsten führt, was wir zunächst als Erdenmenschen erreichen können, zusammenzubringen mit demjenigen, was in die pathologischen Niederungen führt. Man braucht sich ja nur ein wenig bekanntzumachen mit der Goetheschen Metamorphosenlehre und man wird das sehen. *Goethe* sucht zu erkennen, wie sich die einzelnen Glieder, zum Beispiel der Pflanze, auseinander entwickeln, und damit er erkennt, wie sich die Dinge metamorphosieren, blickt er mit besonderer Vorliebe hin auf diejenigen Zustände, die durch Entartung eines Blattes, durch Entartung einer Blüte, durch Entartung der Staubgefäße entstehen. Goethe ist sich klar darüber, daß im Anblicke des Pathologischen dem richtig Schauenden sich gerade die wahre Wesenheit des Gesunden enthüllen könne. Und man kann auch nur einen richtigen Weg in die geistige Welt hinein tun, wenn man weiß, worinnen das Wesen der Menschennatur eigentlich liegt, in welch mannigfaltiger Weise sich dieses komplizierte Wesen der Menschennatur äußern kann.

Aber wir sehen auch an anderem, daß gewissermaßen der Orientale noch in der Spätzeit darauf angelegt war, beim Worte stehenzubleiben, nicht durch das Wort hindurch die Seelenkräfte zu leiten, sondern im Worte drinnen zu leben. Wir sehen es zum Beispiel an den Reden Buddhas. Man lese einmal diese Reden Buddhas mit ihren vielen Wiederholungen. Ich habe abendländische Menschen kennengelernt, die liebten diejenigen Buddha-Ausgaben, wo die vielen Wiederholungen bis auf den einmaligen Wortlaut eines Satzes zusammengestrichen waren, und dann glaubten die Leute, wenn sie einen so zusammengestrichenen Buddha hatten, in dem alles nur einmal vorkommt, da gewinnen sie eine Erkenntnis von dem wirklichen Inhalt desjenigen, was Buddha eigentlich gemeint hat. So bar allen Verständnisses des orientalischen Wesens ist nach und nach die abendländische Zivilisation geworden. Denn wenn man nur dasjenige aufnimmt, was wortwörtlich in den Reden des Buddha liegt, was jenem Inhalte nach, den wir als abendländische Menschen schätzen, jenem Inhalte nach in den Reden Buddhas liegt, dann nimmt man nicht dasjenige, was Buddhas Anschauungen sind, in sich auf, sondern die nimmt man nur auf, wenn man mitgeht mit den Wiederholungen, wenn man will leben in den Worten, wenn man will leben in jener Verstärkung der Seelenkraft, die durch die Wiederholungen entsteht. Wenn man sich nicht aneignet eine Fähigkeit, etwas zu empfinden bei den immer fortwährenden Wiederholungen und der rhythmischen Wiederkehr gewisser Passagen, so kommt man nicht hinein in dasjenige, was mit dem Buddhismus eigentlich gemeint ist.

So muß man sich bekanntmachen mit dem inneren Wesen der morgenländischen Kultur. Denn ohne diese Bekanntschaft mit dem inneren Wesen der morgenländischen Kultur gelangt man schließlich nicht einmal zu einem wirklichen Verständnis unserer abendländischen Religionsbekenntnisse, denn im Grunde genommen stammen letzten Endes diese abendländischen Religionsbekenntnisse aus der orientalischen Weisheit. Etwas anderes ist das Christus-Ereignis. Das ist eine Tatsache. Das steht da als eine Tatsache in der Erdenentwickelung. Aber die Art und Weise, wie man das zu verstehen hat, was durch das Mysterium von Golgatha geschehen ist, die war durchaus in den ersten Jahrhunderten der christlichen Entwickelung aus der orientalischen Weisheit heraus genommen. Mit orientalischer Weisheit verstand man zunächst das Grundereignis des Christentums. Aber alles schreitet vorwärts. Dasjenige, was einstmals im Oriente vorhanden war in dieser Urweisheit, die durch Inspiration errungen wurde, im Griechentum ist es noch bemerkbar, indem es sich herüberentwickelt hat aus dem Oriente nach Griechenland, im Griechentum ist es noch bemerkbar als Kunst. In der griechischen Kunst wurde denn doch noch etwas anderes erlebt als dasjenige, was wir gewöhnlich heute in der Kunst erleben. In der griechischen Kunst wurde noch erlebt dasjenige, wozu sich Goethe wiederum heranerziehen wollte, indem er seine innersten Triebe ausdrückte mit dem Worte: Wem die Natur ihr offenbares Geheimnis zu enthüllen beginnt, der empfindet eine tiefe Sehnsucht nach ihrer würdigsten Auslegerin, der Kunst. – Für den Griechen war die Kunst noch ein Hineingleiten in die Geheimnisse des Weltendaseins, war die Kunst nicht bloß eine Offenbarung der Menschenphantasie, sondern eine Offenbarung desjenigen, was aus einer Wechselwirkung der menschlichen Phantasie mit den Offenbarungen der Geistwelt durch Inspiration hervordringt. Aber immer mehr und mehr, ich möchte sagen, verdünnte sich dasjenige, was noch durch die griechische Kunst floß, und wurde zum Inhalte der abendländischen Religionsbekenntnisse. Wir haben es zu tun beim Ursprunge der Urweisheit mit einem vollinhaltlichen Geistesleben, wir haben es aber in der weiteren Entwickelung damit zu tun, daß dieses vollinhaltliche Geistesleben sich verdünnt und daß es endlich ankommt im Abendländischen und den Inhalt der abendländischen Religionsbekenntnisse bildet. So daß diejenigen Menschen, die dann für ein anderes Zeitalter veranlagt sind, in dem, was da als Verdünnung entstanden ist, nur etwas sehen können, dem sie eben mit Skepsis begegnen. Und im Grunde genommen ist es nichts anderes als die Reaktion des abendländischen Gemütes auf die orientalische Weisheit, die in die Dekadenz gekommen ist, was sich als atheistischer Skeptizismus im Abendlande allmählich entwickelt und was immer weiter und weiter kommen muß, wenn nicht eine andere Geistesströmung ihm begegnet.

Ebensowenig wie man ein Naturwesen, das eine bestimmte Entwickelung, sagen wir, eine Altersentwickelung erreicht hat, wiederum durchgreifend jung machen kann, ebensowenig kann man dasjenige, was sich geistig-seelisch entwickelt, wenn es in einen Alterszustand verfallen ist, wiederum durchgreifend jung machen. Aus den Religionsbekenntnissen des Abendlandes, die Abkömmlinge sind der orientalischen Urweisheit, läßt sich nichts machen, was die Menschheit wiederum voll erfüllen kann, wenn diese Menschheit vorrückt aus den Erkenntnissen heraus, die nun für diese abendländische Menschheit seit drei bis vier Jahrhunderten aus dem Naturwissen heraus und aus der Naturbeobachtung heraus gewonnen worden sind. Es muß sich ein immer weitergehender Skeptizismus entwickeln. Und derjenige, der die Weltentwickelung durchschaut, der kann geradezu davon sprechen, daß von Osten nach Westen ein Zug der Entwickelung geht, welcher nach dem Skeptizismus sich hinbewegt, das heißt, daß sich von Osten nach Westen ein Geistesleben bewegt, das, indem es aufgenommen wird von den immer mehr und mehr in das Abendländische sich hineinlebenden Gemütern, zu einem immer stärkeren Skeptizismus führen muß. Der Skeptizismus ist einfach der Marsch des Geisteslebens von dem Osten nach dem Westen, und ihm muß begegnet werden mit einer andern geistigen Strömung, die nunmehr geht vom Westen nach dem Osten. Und wir leben in der Kreuzung dieser geistigen Strömungen und wollen sehen im weiteren Verlaufe dieser Betrachtungen, wie wir in der Kreuzung drinnen leben.

Zunächst ist aber darauf aufmerksam zu machen, daß das abendländische Gemüt mehr daraufhin angelegt ist, eine andere Entwickelung nach den höheren Welten zu nehmen als das morgenländische Gemüt. Wie das morgenländische Gemüt strebt nach der Inspiration zunächst und daraufhin rassenmäßig veranlagt ist, so strebt das abendländische Gemüt durch seine besondere Seelenanlage – es sind jetzt sogar weniger Rassenanlagen als Seelenanlagen – nach der Imagination. Es ist nicht mehr das Erleben desjenigen, was im mantrischen Spruch musikalisch vorhanden ist, nach dem wir als Abendländer streben sollen, es ist ein anderes. Wir sollen als Abendländer so streben, daß wir nun nicht besonders stark verfolgen denjenigen Weg, der folgt dem Hinaustreten des Geistig-Seelischen aus dem Leibe, sondern daß wir vielmehr folgen dem Späteren, das eintritt, wenn sich wiederum bewußt verbinden soll im Ergreifen des physischen Leibes das Geistig-Seelische mit der physischen Organisation. Wir sehen das natürliche Phänomen in der Entstehung des Liebesinstinktes: Während der Orientale seine Weisheit mehr gesucht hat, indem er zu einem Höheren ausgebildet hat dasjenige, was zwischen der Geburt und dem siebenten Jahre liegt, ist der Abendländer mehr dazu organisiert, dasjenige weiter zu verfolgen, was zwischen dem Zahnwechsel und der Geschlechtsreife liegt, indem in das Geistig-Seelische hinaufgeführt wird dasjenige, was für diese Epoche der Menschheit das Natürliche ist. Das aber erlangen wir, wenn wir – ebenso wie man hineinnehmen muß in die Inspiration das Ich – das Ich nun heraußen lassen, indem wir wieder untertauchen in unsere Leiblichkeit, aber nicht es etwa unbeschäftigt lassen heraußen, nicht etwa es vergessen, nicht etwa es aufgeben, es in die Unbewußtheit hinunterdrängen, sondern gerade dieses Ich verbinden mit dem reinen Denken, mit dem klaren, scharfen Denken, so daß man zuletzt das innere Erlebnis hat: Dein Ich ist ganz stark durchzogen von all dem scharfen Denken, zu dem du es zuletzt gebracht hast. Man kann geradezu dieses Erlebnis des Untertauchens haben in einer sehr klaren, in einer sehr ausgesprochenen Weise. Und ich darf Ihnen vielleicht an dieser Stelle von einem persönlichen Erlebnis sprechen, weil Sie dieses Erlebnis hinführen wird zu dem, was ich hier eigentlich meine.

Ich habe Ihnen gesprochen von der Konzeption meiner «Philosophie der Freiheit». Diese «Philosophie der Freiheit» ist wirklich ein Versuch, in bescheidener Weise es bis zum reinen Denken zu treiben, bis zu jenem reinen Denken, in dem das Ich leben kann, in dem das Ich sich halten kann. Dann kann man, wenn man dieses reine Denken auf diese Weise erfaßt hat, ein anderes anstreben. Man kann dann dieses Denken, das man jetzt dem Ich läßt, dem sich frei und unabhängig in freier Geistigkeit fühlenden Ich überläßt, man kann dann dieses reine Denken von dem Wahrnehmungsprozesse ausschalten, und man kann gewissermaßen, während man sonst im gewöhnlichen Leben, sagen wir, die Farbe sieht, indem man sie zugleich mit dem Vorstellen durchdringt, man kann die Vorstellungen herausheben aus dem ganzen Verarbeitungsprozeß der Wahrnehmungen und kann die Wahrnehmungen selber direkt in unsere Leiblichkeit hineinziehen.

Goethe war schon auf dem Wege. Er hat schon die ersten Schritte gemacht. Man lese im letzten Kapitel seiner Farbenlehre: «Die sinnlich-sittliche Wirkung der Farbe», wie er bei jeder Wirkung etwas empfindet, das zugleich tief sich vereinigt nicht bloß mit dem Wahrnehmungsvermögen, sondern mit dem ganzen Menschen, wie er das Gelbe, das Rote als attackierende Farbe empfindet, die gewissermaßen ganz durch ihn durchdringt, ihn mit Wärme erfüllt, wie er ansieht das Blaue und das Violette als diejenigen Farben, die einen gewissermaßen aus sich selber herausreißen, als die kalten Farben. Der ganze Mensch erlebt etwas bei der Sinneswahrnehmung. Die Sinneswahrnehmung mit ihrem Inhalte geht unter in die Leiblichkeit und es bleibt gewissermaßen darüber schweben das Ich mit dem reinen Gedankeninhalt. Wir schalten das Denken aus, indem wir also intensiver als sonst, wo wir den Wahrnehmungsinhalt durch die Vorstellungen abschwächen, nun den ganzen Wahrnehmungsinhalt hereinnehmen und uns mit ihm erfüllen. Wir erziehen uns in besonderer Weise zu einem solchen Erfüllen unserer selbst mit dem Wahrnehmungsinhalte, wenn wir dasjenige, wozu als zu einer Entartung der Orientale gekommen ist, das symbolische Vorstellen, das bildliche Vorstellen, wenn wir das systematisch treiben, wenn wir, statt daß wir im reinen Gedanken, im gesetzmäßig logischen Gedanken den Wahrnehmungsinhalt auffassen, nunmehr diesen Wahrnehmungsinhalt in Symbolen, in Bildern auffassen und dadurch ihn gewissermaßen mit Umgehung der Gedanken in uns hineinströmen lassen, wenn wir uns durchdringen mit all der Sattheit der Farben, der Sattheit des Tones dadurch, daß wir nicht begrifflich, daß wir symbolisch, bildlich zu unserer Schulung die Vorstellungen innerlich erleben. Dadurch, daß wir nicht mit dem Gedankeninhalt, wie es die Assoziations-Psychologie machen will, unser Inneres durchstrahlen, sondern daß wir es durchstrahlen mit diesem durch Symbole und Bilder angedeuteten Wahrnehmungsinhalt, dadurch strömt uns von innen entgegen dasjenige, was in uns als ätherischer Leib, astralischer Leib lebendig ist, dadurch lernen wir die Tiefe unseres Bewußtseins und unserer Seele kennen. Man lernt wirklich das Innere des Menschen auf diese Weise kennen, nicht durch jene schwafelnde Mystik, die oftmals von nebulosen Geistern als ein Weg zum inneren Gotte angegeben wird, die aber zu nichts anderem führt als zu einer äußerlichen Abstraktion, bei der man doch, wenn man ein ganzer, voller Mensch sein will, nicht stehenbleiben kann.

Will man den Menschen wirklich physiologisch erforschen, dann muß man mit Ausschaltung des Denkens auf diese Weise das bildhafte Vorstellen nach innen treiben, so daß die Leiblichkeit des Menschen in Imaginationen darauf reagiert. Dies ist allerdings ein Weg, der in der abendländischen Entwickelung erst im Beginne ist, aber es ist der Weg, der eingeschlagen werden muß, wenn demjenigen, was vom Oriente herüberströmt und was in die Dekadenz führen würde, wenn es allein Geltung hätte, wenn dem etwas, das ihm gewachsen ist, entgegengestellt werden soll, so daß wir zu einem Aufstieg und nicht zu einem Niederstieg unserer Zivilisation kommen sollen. Aber man kann sagen: Im allgemeinen ist die menschliche Sprache selbst noch nicht so weit, daß sie nun jene Erlebnisse, die man da antrifft im Inneren seiner Seele, voll ausgestalten kann. Und hier ist es, wo ich ein persönliches Erlebnis Ihnen erzählen möchte.

Ich habe vor vielen Jahren auf einem gewissen Gebiete versucht, in Worte zu kleiden dasjenige, was man nennen kann menschliche Sinnenlehre. Es ist mir in einer Weise gelungen, das in Worte zu kleiden, was solche menschliche Sinneslehre, die Lehre von den zwölf Sinnen ist, im mündlichen Vortrage, weil man da noch eher die Möglichkeit hat, die Sprache so zu drehen und zu wenden, und durch Wiederholungen zu sorgen für das Verständnis, daß man die Mängel unserer Sprache, die solch übersinnlichem Wesen noch nicht gewachsen ist, nicht so stark fühlt. Aber als ich dann – es war, wie gesagt, vor vielen Jahren – aufschreiben wollte dasjenige, was ich als eigentliche Anthroposophie gegeben habe in Vorträgen, um es zu einem Buche zu formen, da stellte sich das Merkwürdige heraus, daß das äußerlich Erlebte bei seinem Hineintragen in das Innere etwas so Sensitives wurde, daß die Sprache nicht die Worte hergab, und ich glaube, fünf bis sechs Jahre lag der Anfang des Gedruckten, mehrere Bogen, in der Druckerei. Ich konnte, weil ich das Ganze in dem Stil fortschreiben wollte, wie es angefangen war, einfach weil die Sprache zunächst das nicht hergab für meine damalige Entwickelungsstufe, was ich erreichen wollte, nicht weiterschreiben. Nachher ist eine Überlastung mit Arbeiten gekommen, und ich konnte bis jetzt dieses Buch noch nicht fertigmachen. Derjenige, der es weniger gewissenhaft nimmt mit dem, was er aus der geistigen Welt heraus seinen Mitmenschen gibt, der mag vielleicht lächeln über ein solches Stehenbleiben bei einer zeitlich unüberwindlichen Schwierigkeit. Wer aber wirklich erlebt hat und wer zu durchdringen vermag mit dem vollen Verantwortlichkeitsgefühl dasjenige, was sich ergibt, wenn man schildern will die Wege, die nun die abendländische Menschheit zur Imagination hin nehmen muß, der weiß, daß vieles notwendig ist, um gerade für eine solche Schilderung die richtigen Worte zu finden. Als Schulungsweg ist es verhältnismäßig einfach zu schildern. Das ist in meinem Buche «Wie erlangt man Erkenntnisse der höheren Welten?» geschehen. Aber, indem man ganz bestimmte Resultate erzielen will, wie es das Resultat war, die Wesenheit der menschlichen Sinne selber, also eines Teiles der inneren Menschheitsorganisation zu beschreiben, wenn man solche ganz bestimmte Resultate erzielen soll, dann ergibt sich die Schwierigkeit, Imaginationen zu erfassen und sie in scharfen Konturen durch die Worte hinzustellen.

Dennoch, dieser Weg muß von der abendländischen Menschheit gegangen werden. Und geradeso wie der Morgenländer an seinen Mantren empfunden hat das Hineingehen in die geistige Welt des Äußeren, so muß der Abendländer über alle Assoziations-Psychologie hinaus das Hineinschreiten des Menschen in seine eigene Wesenheit dadurch lernen, daß er zur imaginativen Welt kommt. Nur dadurch, daß er zur imaginativen Welt kommt, wird er eine wahre Menschheitserkenntnis erringen. Und diese wahre Menschheitserkenntnis, die muß zum Fortschritte der Menschheit errungen werden. Und weil wir in einer viel bewußteren Weise leben müssen, als die Orientalen gelebt haben, so dürfen wir nicht einfach etwa sagen: Nun, wir können es ja der Zukunft überlassen, ob nicht durch natürliche Vorgänge sich allmählich die Menschheit diese imaginative Welt aneignet – nein, diese imaginative Welt muß, weil wir in das Stadium der bewußten Entwickelung der Menschheit getreten sind, auch bewußt angestrebt werden, und man darf nicht bei gewissen Etappen stehenbleiben. Denn, was geschieht, wenn man auf gewissen Etappen stehenbleibt? Dann setzt man nicht das Richtige dem immer mehr überhandnehmenden Skeptizismus, der von Osten nach Westen zieht, entgegen, sondern dann setzt man dasjenige entgegen, was doch davon herrührt, daß das Geistig-Seelische zu gründlich, zu tief, unbewußt sich verbindet mit dem physischen Leibe, daß gewissermaßen eine zu dichte Verbindung entsteht des Geistig-Seelischen mit dem physischen Leibe.

Ja, man kann nicht nur materialistisch denken, man kann auch materialistisch sein, indem sich das Geistig-Seelische zu stark verbindet mit dem physischen Leibe. Dann lebt man nicht mit dem Ich frei in den Begriffen des reinen Denkens, zu denen man es gebracht hat. Und taucht man mit dem bildhaft gewordenen Wahrnehmen in die Leiblichkeit unter, dann taucht man mit dem Ich und mit den Begriffen in die Leiblichkeit unter. Und wenn man das dann verbreitet, wenn man mit dem die Menschen durchdringt, dann entsteht dadurch die geistige Erscheinung, die wir gut kennen, der Dogmatismus aller Sorten. Der Dogmatismus aller Sorten ist nichts anderes, als ins Geistig-Seelische übersetzt dasjenige, was dann auf einer tieferen Stufe ins Pathologische übertragen in der Platzfurcht und dergleichen zutage tritt, und was deshalb, weil es verwandt ist, sich auch in etwas zeigt, was eine Metamorphose der Furcht ist, in allerlei Aberglauben. Aus dem, was sich da als Dogmatismus entwickelt hat, was, ich möchte sagen, aus dem unbewußten Drang nach Imagination entsteht, der aber zurückgehalten wird durch Gewaltmächte, aus dem, was sich da entwickelt, entstehen alle Arten des Dogmatismus. Sie müssen allmählich ersetzt werden durch dasjenige, was entsteht, wenn man die Ideenwelt in der Region des Ich erhält, wenn man zur Imagination schreitet, dadurch den Menschen in seiner wahren Gestalt in sein inneres Erlebnis aufnimmt und allmählich auf eine andere Art den abendländischen Weg in die geistige Welt hinein geht. Dieser andere Weg durch die Imagination, er ist derjenige, der begründen muß dasjenige, was als Geisteswissenschaftsströmung, als Geistesentwickelung von dem Westen nach dem Osten hin sich bewegen muß, wenn die Menschheit vorwärtsschreiten will. Das aber ist dasjenige, was jetzt eine wichtigste Angelegenheit der Menschheit ist, zu erkennen, wie der wahre Weg der Imagination sein soll, welchen Weg die abendländische Geisteswissenschaft einzuschlagen hat, wenn sie gewachsen sein will dem, was einstmals die orientalische Weisheit, auf die den Rasseeigentümlichkeiten jener Völker entsprechende Art als Inspiration, als Inspirationsgehalt gewonnen hat. Nur wenn wir der entarteten Inspiration des Morgenlandes entgegenstellen können geistgetragene, wirklichkeitsdurchsättigte Imaginationen, die auf dem Wege zu einer höheren Geistkultur sind, wenn wir die als einen Geisteszug von Westen nach Osten hervorrufen können, dann tun wir dasjenige, was eigentlich in den Untergründen der Menschheitsimpulse lebt, wonach die Menschheit hinstrebt, und was sich heute noch in Explosionen sozialer Natur entlädt, weil es nicht herauskommen kann.

Wie nun der Weg der Imagination eigentlich eingeschlagen werden muß, wie nun der Weg zu den höheren Welten für anthroposophisch orientierte Geisteswissenschaft sich gestaltet, davon wollen wir dann morgen weiter sprechen.

ACHTER VORTRAG

Dornach, 3. Oktober 1920

Gestern versuchte ich zu zeigen, auf welche Weise innerhalb des orientalischen Geisteslebens man sich zu nähern versuchte dem Gebiete der übersinnlichen Welt, und ich wies darauf hin, wie derjenige, der diesen Weg in das Übersinnliche antreten wollte, die Verbindungsbrücke gewissermaßen zwischen sich und den andern Menschen wegließ, nicht beging, dafür aber einen andern Weg wählte als denjenigen, der im sozialen Leben zunächst hinüberführt von dem einen Menschen zu seinem Mitmenschen durch die Sprache, durch den Gedanken, durch die Ich-Wahrnehmung. Und ich zeigte, wie zunächst versucht wurde, statt durch das Wort dasjenige zu hören, was der Mitmensch uns sagen will, was wir an ihm verstehen wollen, statt durch das Wort also zu verstehen, in dem Worte zu leben. Dieses In-dem-Worte-Leben wurde dann noch dadurch verstärkt, daß man die Worte gestaltete zu gewissen Sprüchen, in denen man lebte, die man wiederholte, so daß die Kraft der Seele, die gewonnen wurde durch dieses Leben in den Worten, sich durch die Wiederholung noch verstärkte. Und ich zeigte, wie auf diese Art etwas erreicht wurde im Seelenzustand, den man den der Inspiration in dem von mir charakterisierten Sinne nennen könnte, nur daß die Weisen der alten orientalischen Welt eben ihrer Rasse angehörten, das Ich-Bewußtsein bei ihnen weit weniger entwickelt war als in der späteren Zeit der Menschheitsentwickelung und sie daher in einer mehr instinktiven Art sich so hineinlebten in die geistige Welt. Und weil das Ganze instinktiv war, also gewissermaßen einem gesunden Trieb der menschlichen Natur entsprang, so konnte es auch in den ältesten Zeiten nicht zu den pathologischen Schädigungen führen, von denen wir auch zu sprechen hatten. In den späteren Zeiten wurden dann von den sogenannten Mysterien Maßnahmen ergriffen gegen das Hereinbrechen solcher Schädigungen, wie ich sie Ihnen zu charakterisieren versucht habe. Ich habe nun gesagt, daß diejenigen, die innerhalb der abendländischen Zivilisation zu einem Ergreifen der geistigen Welt kommen wollen, dies anders machen müssen. Die Menschheit ist mittlerweile fortgeschritten. Andere Kräfte der Seele haben sich entwickelt, und man kann nicht einfach etwa den alten orientalischen Geistesweg heute wieder erneuern. Man kann nicht in vorhistorische Zeiten oder in frühere historische Zeiten der Menschheitsentwickelung im Gebiete des Geisteslebens reaktionär zurückkehren wollen. Für die abendländische Zivilisation ist der Weg in die übersinnlichen Welten der der Imagination. Nur muß diese Imagination ganz in das übrige Seelenleben organisch hineingestellt werden. Und dies kann in der mannigfaltigsten Weise geschehen, wie ja auch schließlich der orientalische Geistesweg nicht in ganz eindeutiger Weise vorausbestimmt war, sondern wie er in der mannigfaltigsten Weise gegangen werden konnte. Ich will heute den Weg in die geistige Welt, wie er der abendländischen Zivilisation angemessen ist, so schildern, wie ihn etwa am besten gehen könnte derjenige, welcher durch das wissenschaftliche Leben des Abendlandes hindurchgeht.

In meinem Buche «Wie erlangt man Erkenntnisse der höheren Welten?» ist zwar durchaus ein sicherer Weg in die übersinnlichen Gebiete hinein charakterisiert, aber er ist so charakterisiert, daß er gewissermaßen für jedermann taugt, daß er vor allen Dingen für diejenigen taugt, welche nicht durch ein eigentliches wissenschaftliches Leben hindurchgegangen sind. Ich will ihn heute im Speziellen so charakterisieren, wie er eben mehr für den Wissenschafter taugt. Für diesen Wissenschafter muß ich auch nach allen meinen Erfahrungen als eine Art Voraussetzung ansehen – wir werden gleich nachher hören, in welchem Sinne das gemeint ist –, ich muß ansehen als eine richtige Voraussetzung dieses Erkenntnisweges das Verfolgen dessen, was in meiner «Philosophie der Freiheit» dargestellt ist. Diese «Philosophie der Freiheit» ist ja nicht in der Absicht geschrieben, in der heute zumeist Bücher geschrieben werden. Heute werden Bücher geschrieben zu dem Ziele, daß der Betreffende sich über den Inhalt des Mitgeteilten einfach informiert, daß er nach seinen besonderen Vorkenntnissen, nach seiner Bildung oder seiner wissenschaftlichen Kultur eben Kenntnis nimmt von dem, was inhaltlich in einem Buche enthalten ist. So ist eigentlich im Grunde genommen meine «Philosophie der

Freiheit» nicht gemeint. Daher wird sie auch von denjenigen nicht gerade geliebt, die von einem Buche nur Kenntnis nehmen wollen. Meine «Philosophie der Freiheit» ist so gemeint, daß man zur unmittelbaren eigenen Denktätigkeit Seite für Seite greifen muß, daß gewissermaßen das Buch selbst nur eine Art Partitur ist und man in innerer Denktätigkeit diese Partitur lesen muß, um fortwährend aus dem Eigenen heraus von Gedanke zu Gedanke fortzuschreiten. So daß bei diesem Buch durchaus immer mit der gedanklichen Mitarbeit des Lesers gerechnet ist. Und es ist ferner gerechnet mit demjenigen, was aus der Seele wird, wenn sie eine solche Gedankenarbeit mitmacht. Derjenige, der sich nicht gesteht, daß, wenn er dieses Buch nun wirklich in eigener seelischer Gedankenarbeit absolviert hat, er dann gewissermaßen sich in einem Elemente des Seelenlebens erfaßt hat, in dem er sich früher nicht erfaßt hat; derjenige, der nicht spürt, daß er gewissermaßen herausgehoben ist aus seinem gewöhnlichen Vorstellen in ein sinnlichkeitsfreies Denken, in dem man sich ganz bewegt, so daß man erfühlt, wie man in diesem Denken frei geworden ist von den Bedingungen der Leiblichkeit, der liest eigentlich diese «Philosophie der Freiheit» nicht im richtigen Sinne. Und der versteht sie im Grunde genommen nicht richtig, der sich dies nicht gestehen kann. Man muß gewissermaßen sich sagen können: Jetzt weiß ich durch diese seelische Gedankenarbeit, die ich verrichtet habe, was eigentlich reines Denken ist.

Es ist ja das Eigentümliche, daß dasjenige, was gerade in der Seele real werden soll beim Verfolgen meiner «Philosophie der Freiheit», von den meisten Philosophen des Abendlandes überhaupt in seiner Realität geleugnet wird. Sie finden bei zahlreichen Philosophen Ausführungen darüber, daß es ja ein reines Denken gar nicht gäbe, daß alles Denken immer erfüllt sein müsse mit Resten wenigstens, wenn auch noch so sehr verdünnten Resten der sinnlichen Anschauung. Man müßte allerdings glauben, daß solche Philosophen niemals wirklich Mathematik studiert haben, sich niemals eingelassen haben auf den Unterschied zwischen der analytischen Mechanik und der empirischen Mechanik, die so etwas behaupten. Allein es ist ja schon durch unseren Spezialismus einmal so weit gekommen, daß man heute oftmals philosophiert, ohne überhaupt die Spur von einer Erkenntnis des mathematischen Denkens zu haben. Im Grunde genommen kann man nicht philosophieren, ohne wenigstens den Geist des mathematischen Denkens erfaßt zu haben. Wir haben gesehen, wie *Goethe* gegenüber diesem Geiste des mathematischen Denkens sich verhielt, wenn er auch selber sagte, daß er sich keine besondere, speziell-mathematische Kultur zuschreiben könne. Also es wird eigentlich von vielen geleugnet, daß es das gibt, von dem ich gerade möchte, daß man es sich aneignet durch das Studium der «Philosophie der Freiheit».

Und nun setzen wir voraus, jemand käme einfach innerhalb des gewöhnlichen Bewußtseins dazu, diese «Philosophie der Freiheit» in der Art durchzuarbeiten, wie ich das eben beschrieben habe, dann kann er natürlich nicht sagen: er sei irgendwie in der übersinnlichen Welt darinnen. Denn diese «Philosophie der Freiheit», ich habe sie ganz absichtlich so geschrieben, wie sie geschrieben ist, weil sie zunächst als ein rein philosophisches Werk vor die Welt hintreten sollte. Man sollte nur denken, was geleistet worden wäre für anthroposophisch orientierte Geisteswissenschaft, wenn ich gleich begonnen hätte mit geisteswissenschaftlichen Werken. Diese geisteswissenschaftlichen Werke wären selbstverständlich als der purste Dilettantismus, als Laienliteratur von allen Fachphilosophen unberücksichtigt gelassen worden. Ich mußte zunächst rein philosophisch schreiben. Ich mußte zunächst vor die Welt hinstellen etwas, was im reinen Sinne philosophisch gedacht war, trotzdem es eben hinausging über das gewöhnliche Philosophische. Aber allerdings, einmal mußte der Übergang gemacht werden von dem bloßen philosophischen und naturwissenschaftlichen Schreiben zu dem geisteswissenschaftlichen Schreiben. Es war in einer Zeit, in welcher ich gerade eingeladen war, über Goethes «Naturwissenschaftliche Schriften» zu schreiben als ein besonderes Kapitel einer deutschen Goethe-Biographie. Es war am Ende der neunziger Jahre des vorigen Jahrhunderts. Und so sollte ich das Kapitel über Goethes «Naturwissenschaftliche Schriften» schreiben. Ich hatte es auch schon geschrieben, es war bereits dem Verleger abgeliefert, und unmittelbar hinterher erschien meine Schrift: «Die Mystik im Aufgange des neuzeitlichen Geisteslebens und ihr Verhältnis zur modernen Weltanschauung», durch die ich herüberleitete den Weg von dem rein Philosophischen zu dem Anthroposophisch-Orientierten. Und ich bekam, nachdem diese Schrift erschienen war, mein Manuskript vom Verleger zurück, bloß vom Honorar begleitet, damit ich nicht irgendwie aufmucke, denn damit war dem Rechte sein Tribut gezollt. Aber man wollte von dem, der diese Mystik geschrieben hat, bei den wissenschaftlichen Zöpfen selbstverständlich nun auch nicht mehr ein Kapitel über die naturwissenschaftliche Entwickelung Goethes haben.

Nun, ich setze also voraus, daß man zunächst aus dem gewöhnlichen Bewußtsein heraus in dieser Weise, wie ich es angeführt habe, die «Philosophie der Freiheit» durchgearbeitet habe. Dann wird man in der rechten Verfassung sein, um nun gewissermaßen das in gutem Sinne vorzunehmen für seine Seele, was ich schon gestern bezeichnet habe, mit ein paar Worten allerdings nur, zunächst als den Weg in die Imagination hinein. Dieser Weg in die Imagination hinein, er kann so vollzogen werden, angemessen unserer abendländischen Zivilisation, daß man versucht, sich ganz nur der äußeren phänomenologischen Welt hinzugeben, diese unmittelbar auf sich wirken zu lassen mit Ausschluß des Denkens, aber so, daß man sie doch aufnimmt. Nicht wahr, unser gewöhnliches Geistesleben im wachen Zustande verläuft ja so, daß wir wahrnehmen und eigentlich immer im Wahrnehmen schon das Wahrgenommene mit Vorstellungen durchtränken, im wissenschaftlichen Denken ganz systematisch das Wahrgenommene mit Vorstellungen verweben, durch Vorstellungen systematisieren und so weiter. Dadurch, daß man sich ein solches Denken angeeignet hat, wie es allmählich hervortritt im Verlaufe der «Philosophie der Freiheit», kommt man nun wirklich in die Lage, so scharf innerlich seelisch arbeiten zu können, daß man, indem man wahrnimmt, ausschließt das Vorstellen, daß man das Vorstellen unterdrückt, daß man sich bloß dem äußeren Wahrnehmen hingibt. Aber damit man die Seelenkräfte verstärke und die Wahrnehmungen im richtigen Sinne gewissermaßen einsaugt, ohne daß man sie beim Einsaugen mit Vorstellungen verarbeitet, kann man auch noch das machen, daß man nicht im gewöhnlichen Sinne mit Vorstellungen diese Wahrnehmungen beurteilt, sondern daß man sich symbolische oder andere Bilder schafft zu dem mit dem Auge zu Sehenden, mit dem Ohre zu Hörenden, auch Wärmebilder, Tastbilder und so weiter. Dadurch, daß man gewissermaßen das Wahrnehmen in Fluß bringt, dadurch, daß man Bewegung und Leben in das Wahrnehmen hineinbringt, aber in einer solchen Weise, wie es nicht im gewöhnlichen Vorstellen geschieht, sondern im symbolisierenden oder auch künstlerisch verarbeitenden Wahrnehmen, dadurch kommt man viel eher zu der Kraft, sich von der Wahrnehmung als solcher durchdringen zu lassen. Man kann sich ja schon gut vorbereiten für eine solche Erkenntnis bloß dadurch, daß man wirklich im strengsten Sinne sich heranerzieht zu dem, was ich charakterisiert habe als den Phänomenalismus, als das Durcharbeiten der Phänomene. Wenn man wirklich an der materiellen Grenze des Erkennens getrachtet hat, nicht in Trägheit durchzustoßen durch den Sinnesteppich und dann allerlei Metaphysisches da zu suchen in Atomen und Molekülen, sondern wenn man die Begriffe verwendet hat, um die Phänomene anzuordnen, um die Phänomene hin zu verfolgen bis zu den Urphänomenen, dann bekommt man dadurch schon eine Erziehung, die dann auch alles Begriffliche hinweghalten kann von den Phänomenen. Und symbolisiert man dann noch, verbildlicht man die Phänomene, dann bekommt man eine starke seelische Macht, um gewissermaßen die Außenwelt begriffsfrei in sich einzusaugen.

Man muß selbstverständlich nicht glauben, dies sei zu erreichen in kurzer Zeit. Geistesforschung erfordert weit mehr Arbeit als Laboratoriums- oder Sternwartenforschung. Sie erfordert vor allen Dingen eine intensive Anstrengung des eigenen Willens. Und hat man eine Zeitlang ein solches symbolisches Vorstellen getrieben, hat man sich dazu noch bemüht, auf den Bildern, die man in dieser Weise ganz in Anlehnung an die Phänomene in der Seele präsent sein läßt und die sonst nur vorübergehen, indem man ja im Leben von Sensation zu Sensation, von Erlebnis zu Erlebnis eilt, hat man sich gewöhnt, kontemplativ lange und immer länger auf einem Bilde, das man ganz durchschaut, das man sich selber gemacht hat oder sich auch von jemandem anraten läßt, so daß es keine Reminiszenz sein kann, hat man sich gewöhnt, kontemplativ auf einem solchen Bilde zu ruhen, und wiederholt man diesen Vorgang immer wieder und wiederum, so verstärkt sich die innere Seelenkraft, und man wird zuletzt gewahr, daß man in sich selber etwas erlebt, von dem man vorher eigentlich keine Ahnung gehabt hat. Höchstens kann man – aber man sollte das eigentlich nicht mißverstehen – sich ein Bild machen von dem, was man jetzt, aber nur in seinem Inneren, erlebt, indem man sich erinnert an besonders lebendige Traumvorstellungen, nur daß die Traumvorstellungen doch immer Reminiszenzen sind und nicht unmittelbar bezogen werden dürfen auf etwas Äußeres, daß aber das einem gewissermaßen als Reaktion entgegenkommt aus dem eigenen Inneren. Wenn man also diese Bilder durchlebt, so ist das etwas durchaus Reales, und man kommt darauf, daß man jetzt in seinem eigenen Inneren antrifft dasjenige Geistige, welches den Wachstumsprozeß gibt, welches die Wachstumskraft ist. Man merkt, man kommt hinein in einen Teil seiner Menschheitskonstitution, der in einem ist, der sich mit einem verbindet, der in einem tätig ist, den man aber früher nur unbewußt erlebt hat. Wie unbewußt erlebt?

Nun, ich habe Ihnen ja gesagt, daß von der Geburt bis zum Zahnwechsel ein Geistig-Seelisches den Menschen durchorganisiert, daß es dann mehr oder weniger sich emanzipiert. Dann aber zwischen dem Zahnwechsel und der Geschlechtsreife wird durch ein solches Geistig-Seelisches, das gewissermaßen untertaucht in den physischen Leib, zunächst der Liebestrieb angeregt, aber auch vieles andere. Das alles aber geschieht auf unbewußte Art. Kommt man aber mit vollem Bewußtsein durch solche seelischen Vornahmen, wie ich sie charakterisiert habe, dazu, dieses Hineindringen des Geistig-Seelischen in die leibliche Organisation zu verfolgen, dann sieht man, wie solche Prozesse im Menschen vor sich gehen, wie eigentlich der Mensch immer, von der Geburt an, der Außenwelt hingegeben ist. Man hält dieses Sich-Hingeben an die Außenwelt heute für ein bloßes abstraktes Wahrnehmen oder abstraktes Erkennen. Das ist es nicht. Indem wir umgeben sind von einer farbigen Welt, indem wir umgeben sind von einer tönenden Welt, indem wir umgeben sind von einer wärmenden Welt, kurz, indem wir umgeben sind von alldem, was Eindrücke auf unsere Sinne macht, was durch Verarbeitung der Eindrücke mit unseren Vorstellungen wiederum neuerdings Eindrücke auf unsere Organisation macht, indem wir alles dasjenige bewußt erleben, sehen wir, daß wir, wenn wir es unbewußt erleben seit der Kindheit, mit den Farbeneindrücken, mit den Toneindrücken etwas aufnehmen, was als Geistiges unsere Organisation durchdringt. Und wenn wir zum Beispiel zwischen dem Zahnwechsel und der Geschlechtsreife die Liebesempfindung aufnehmen, so ist das nicht etwas, was herauswächst aus unserem Leibe, sondern ist etwas, was der Kosmos uns gibt, was der Kosmos uns durch Farben, durch Töne, durch Wärmeströmungen, die an uns herankommen, gibt. Wärme ist noch etwas anderes als Wärme, Licht ist etwas anderes als Licht im physischen Sinne, Ton ist etwas anderes als Ton im physischen Sinne. Indem wir Sinneseindrücke haben, ist zwar nur dasjenige bewußt, was zunächst, ich möchte sagen, der äußere Ton, die äußere Farbe ist. Aber durch diese Hingebung wirkt nicht dasjenige, wovon eine moderne Physik oder Physiologie träumt, Ätherbewegungen, Atombewegungen und dergleichen, sondern es wirkt Geist, es wirken die Kräfte, die uns erst hier in der physischen Welt zwischen Geburt und Tod zu dem machen, was wir als Menschen sind. Und indem wir solche Erkenntniswege antreten, wie ich sie charakterisiert habe, werden wir gewahr, wie wir aus der äußeren Welt heraus organisiert werden. Wir verfolgen bewußt, was in uns leibt und lebt, indem wir vor allen Dingen nun einen deutlichen Sinn dafür bekommen, daß in der Außenwelt Geist vorhanden ist. Gerade durch die Phänomenologie gelangen wir dazu, deutlich zu sehen, wie in der Außenwelt Geist ist. Nicht wenn wir eine abstrakte Metaphysik treiben, sondern gerade durch die Phänomenologie gelangen wir zu der Erkenntnis des Geistes, indem wir wahrnehmen, wenn wir das zur Bewußtheit erheben, was wir sonst unbewußt tun, indem wir wahrnehmen, wie durch die Sinneswelt das Geistige in uns eindringt und uns selber organisiert.

Ich habe Ihnen gestern gesagt, daß der orientalische Weise gewissermaßen außer acht läßt die Bedeutung des Gesprochenen, die Bedeutung des Gedachten, die Bedeutung der Ich-Wahrnehmung und anders diese Dinge empfindet, andere Seelenverhältnisse zu diesen Dingen, zu der Sprache eingeht, weil Sprache, Gedankenwahrnehmung, Ich-Wahrnehmung zunächst ablenken von der geistigen Welt und uns hinüberlenken sozial zu dem andern Menschen. Gewissermaßen erkaufen wir uns im gewöhnlichen physischen Leben das Dasein in der sozialen Welt dadurch, daß wir die Sprache durchhörig machen, die Gedanken durchsichtig machen, die Ich-Wahrnehmung durchfühlbar machen. Der orientalische Weise nahm wiederum die Undurchhörbarkeit des Wortes hin und lebte in dem Worte. Er nahm die Undurchsichtigkeit des Gedankens hin und lebte in dem Gedanken und so weiter. Wir im Abendlande sind mehr darauf angewiesen, bei dem Wege in die übersinnlichen Welten auf den Menschen zurückzusehen.

Da wollen wir uns erinnern, wie ja der Mensch eine gewisse Art von Sinnesorganisation auch in seinem Inneren trägt. Ich habe schon ausgeführt, wie der Mensch drei Sinne in seinem Inneren hat, durch die er sein Inneres geradeso wahrnimmt, wie wir sonst das Äußere wahrnehmen. Wir haben einen Gleichgewichtssinn, durch den wir uns in der uns als Menschen angemessenen Raumeslage erfühlen und dadurch mit dem Willen darinnen arbeiten können. Wir haben einen Bewegungssinn, durch den wir wissen, auch wenn wir im Dunkeln uns bewegen, durch inneres Erfühlen, daß wir uns bewegen, nicht bloß, daß wir etwa unsere eigenen Bewegungen an den andern Gegenständen wahrnehmen, an denen wir vorbeigehen. Wir haben einen Bewegungssinn. Und wir haben einen Lebenssinn, durch den wir unser Gesamtbefinden, unsere gewissermaßen innere Lebenssituation fortwährend im wechselnden Zustande wahrnehmen. Diese drei inneren Sinne, die arbeiten zusammen mit dem Willen gerade in den ersten sieben Lebensjahren des Menschen. Er richtet sich nach dem Gleichgewichtssinn, wird von einem Wesen, das nicht gehen kann, das später nur kriechen kann, ein Wesen, das aufrecht stehen und gehen kann. Das ist ein von dem Gleichgewichtssinne vermitteltes Bewirken des aufrechten Ganges, das ist ein Hineinstellen in die Welt durch den Gleichgewichtssinn. Ebenso bilden wir uns zum vollen Menschentum aus durch den Bewegungssinn, durch den Lebenssinn. Wer nun beobachten kann mit derselben Objektivität, wie man im Laboratorium, im physikalischen Kabinett beobachtet, wie der Mensch sein Geistig-Seelisches und Physisches entwickelt, der wird schon sehen, daß dasjenige, was da den Menschen durchorganisiert hat, und was vorzugsweise lebte in den ersten sieben Lebensjahren durchorganisierend in ihm, daß sich das emanzipiert und daß es später schon von der Zeit des Zahnwechsels an eine etwas andere Gestalt annimmt. Da ist der Mensch nicht mehr, ich möchte sagen, so intensiv mit seinem Inneren verbunden wie das Kind. Das Kind ist intensiv mit seinem Inneren, mit dem menschlichen Gleichgewicht, mit der menschlichen Bewegung, mit dem menschlichen Leben verbunden. Aber es entwickelt sich gleichzeitig mit diesem Emanzipieren von Gleichgewicht, Bewegung, Leben noch etwas anderes. Es entwickelt sich eine gewisse Einstellung von drei andern Sinnen, von dem Sinn des Geruchs, von dem Sinn des Geschmacks und von dem Sinn des Tastens. Es ist außerordentlich interessant, in allen Einzelheiten zu beobachten, wie sich das Kind – das geschieht allerdings in einem früheren Lebensalter deutlich, aber es ist später auch noch für den, der sich dazu schult, deutlich genug wahrzunehmen –, wie sich das Kind allmählich hineinfindet in das Leben, orientiert durch den Geruchssinn, den Geschmackssinn, den Tastsinn, und wie in einer gewissen Weise, während der Mensch aus sich herausschiebt Gleichgewicht, Bewegung, Leben, er aber mehr in sich hineinzieht all das, was die Qualitäten des Geruchssinnes, des Geschmackssinnes, des Tastsinnes sind. Das eine wird gewissermaßen ausgeatmet, das andere wird eingeatmet in einer längeren Lebensepoche, so daß sich begegnen in unserem Organismus die von innen nach außen drängenden Kräfte des Gleichgewichts, der Bewegung, des Lebens; die von außen nach innen drängenden Qualitätsorientierungen des Riechens, des Schmekkens, des Tastens. Und das wird dadurch bewirkt, daß ineinanderdrängen die eine Dreiheit der Sinne, die andere Dreiheit der Sinne. Dadurch, daß sie ineinanderdrängen, entsteht ein festes Selbstbewußtsein im Menschen, dadurch erfühlt sich der Mensch gewissermaßen erst als ein rechtes Selbst. Und geradeso wie wir abgeschlossen sind von der äußeren Geistigkeit – zu Recht selbstverständlich, denn wir würden sonst im physischen Leben keine sozialen Wesen werden –, wie wir abgeschlossen sind von dieser Geistigkeit durch Sprache, durch Gedankenwahrnehmung, durch Ich-Wahrnehmung gegenüber den andern Menschen, so werden wir, indem gerade Geruchs-, Geschmacks- und Tastqualitäten entgegenwachsen dem Gleichgewicht, der Bewegung, dem Leben, so werden wir nach innen abgeschnitten von dieser Dreiheit Leben, Bewegung und Gleichgewicht, die sich uns sonst unmittelbar enthüllen würden. Es lagern sich gewissermaßen die Erfahrungen des Geruchssinnes, des Geschmackssinnes, des Tastsinnes vor dasjenige, was wir erfahren würden an Gleichgewichtssinn, an Bewegungssinn, an Lebenssinn. Und darin besteht das Ergebnis jener Entwickelung zur Imagination, von der ich gesprochen habe, daß wir ebenso, wie der Orientale haltmacht bei der Sprache, um in ihr zu leben, haltmacht bei dem Gedanken, um in ihm zu leben, haltmacht bei der Ich-Wahrnehmung, um in ihr zu leben, um so in die geistige Welt nach außen hin hineinzudringen, gerade so, wie er haltmacht, wir durch die Imagination, indem wir gerade die äußere Wahrnehmung gewissermaßen vorstellunglos einsaugen, dazu gelangen, gewissermaßen jetzt die entgegengesetzte Tätigkeit auszuüben von der, die der Orientale gegenüber Sprache, Gedankenwahrnehmung und Ich-Wahrnehmung ausübt. Er bleibt bei ihnen stehen. Er lebt sich in sie hinein. Der zur Imagination Strebende windet sich durch Geruch, Geschmack und Tastwahrnehmung hindurch, er dringt in das Innere hinein, so daß ihm dann, indem er unbehelligt bleibt von Geruchswahrnehmung, Tastwahrnehmung, Geschmackswahrnehmung, entgegentritt dasjenige, was zu erleben ist mit Gleichgewicht, Bewegung und Leben.

Das ist ein großer Moment, wenn man durch all das durchdringt, was ich charakterisiert habe als die Sinnesdreiheit des Geschmacks-, des Geruchs-, des Tastsinns, und gewissermaßen nackt vor sich hat, was in Bewegung, in Gleichgewicht und in Leben da ist.

Es ist interessant, zu verfolgen gerade nach solch einer Vorbereitung dasjenige, was so oftmals von abendländischer Mystik dargeboten wird. Gewiß, ich bin weit, ganz weit davon entfernt, das Poetische, das Schöne, das Phantasievolle mancher Mystiken zu verkennen. Gewiß, ich bewundere dasjenige, was zum Beispiel die *heilige Therese* dargeboten hat, *Mechthild von Magdeburg* und andere, selbst der *Meister Eckhart* und *Johannes Tauler*. Aber für denjenigen, der ein wahrer Geistesforscher ist, für den enthüllt sich das alles, es enthüllt sich all das, was entsteht, wenn man den Weg nach dem Inneren macht und nicht durchdringt durch die Region des Riechens, des Schmeckens, des Tastens. Lesen Sie einmal bei einzelnen Leuten, die besonders deutlich beschrieben haben das, was sie auf diese Weise erlebt haben. Sie reden von einem Schmecken des Inneren, von einem Schmecken in bezug auf dasjenige, was sich als Geistig-Seelisches im Inneren des Menschen auslebt; sie reden auch von einem Riechen, und von einem Tasten reden sie in einem gewissen Sinne. Und derjenige, der richtig zu lesen versteht, er wird gerade bei einer Mechthild von Magdeburg zum Beispiel oder bei einer heiligen Therese ganz deutlich sehen: Die gehen diesen Weg nach innen, aber sie kommen durch Riechen, Schmekken und Tasten nicht hindurch. Sie beschreiben zwar in schönen poetischen Bildern, aber doch nur dasjenige, was da heißt, man beriecht sich innerlich, man erschmeckt sich innerlich, man betastet sich innerlich.

Ja, die wahre Gestalt der Wirklichkeit zu sehen mit geistig wirklich entwickeltem Sinn, das ist nicht so angenehm, als sich erzählen zu lassen von einer wollüstigen Mystik – denn wollüstig ist sie doch –, die im Grunde genommen nur befriedigt einen raffinierten, nach innen gehenden Seelenegoismus. Wie gesagt, so bewundern, wie sie nur irgend sonst bewundert wird, kann ich schon diese Mystik auch, aber wissen muß man als wirklicher Geistesforscher, daß diese Mystik auf halbem Wege stehenbleibt, daß dasjenige, was in den schönen poetischen Bildern der Mechthild von Magdeburg und so weiter zum Vorschein kommt, der heiligen Therese, in Wirklichkeit doch nichts anderes ist als dasjenige, was man erriecht, erschmeckt, ertastet, bevor man zum wirklichen Inneren vordringt. Die Wahrheit ist unter Umständen unangenehm, vielleicht zuweilen grausam. Aber der heutigen Menschheit ziemt es sich nicht, seelisch rachitisch zu werden durch eine nebulose, unvollkommene Mystik. Der heutigen Zeit ziemt es sich allein, mit starker Geisteskraft in das wirkliche, menschliche Innere hineinzukommen, mit jener Stärke, die wir nicht umsonst für die äußere Welt viel mehr diszipliniert erlangt haben in der Naturwissenschaft. Diese Naturwissenschaft wird nicht verkannt. Diese Naturwissenschaft wird aufgenommen gerade nach ihrer disziplinierenden und methodischen Seite hin. Und gerade wenn man diese Naturwissenschaft sich angeeignet hat, dann weiß man auch auf der einen Seite zwar in der richtigen Art zu würdigen dasjenige, was von einer nebulosen Mystik kommt, aber man weiß auch, daß diese nebulose Mystik nicht dasjenige ist, was heute von einer geisteswissenschaftlichen Strömung getrieben werden darf, sondern daß von dieser geisteswissenschaftlichen Strömung klares Erfassen der eigenen menschlichen Wesenheit gesucht werden muß, damit dadurch klares geistiges Erfassen der Außenwelt zustande kommt.

Ich weiß, wenn ich nicht so spräche, wie ich der Wahrheit gemäß sprechen muß, ich könnte hinter mir haben alle die schwafelnden, nebulosen Mystiker, die die Mystik erstreben aus dem Grunde, um innerliche seelische Wollust zu befriedigen. Aber nicht darum kann es sich handeln in demjenigen, was von hier aus getrieben wird, sondern lediglich darum kann es sich handeln, Kräfte für das Leben zu finden, Kräfte, die als Geisteskräfte in unser wissenschaftliches und in unser soziales Leben hineinkommen können.

Wenn man so vorgedrungen ist bis zu dem, was im Gleichgewichtssinn, im Lebenssinn, im Bewegungssinn lebt, dann ist man zu dem gekommen, was man zunächst wegen seiner Durchsichtigkeit als die wahre innere Wesenheit des Menschen erlebt. Man weiß aus der Beschaffenheit der Sache selbst: Jetzt kann man nicht mehr tiefer hineinkommen. Aber man hat auch dann zunächst reichlich genug. Denn dasjenige, was die nebulosen Mystiker träumen, das findet man nicht. Aber man findet eine wirkliche Organologie, und man findet vor allen Dingen in seinem Inneren das wahre Wesen desjenigen, was im Gleichgewichte ist, was in Bewegung ist, was von Leben durchströmt ist. Das findet man in seinem Inneren.

Und dann, wenn man dies durchgemacht hat, dann ist etwas ganz Eigentümliches eingetreten. Dann bemerkt man zur rechten Zeit etwas. Ich habe ja vorausgesetzt, daß man vorher die «Philosophie der Freiheit» gedanklich durchgearbeitet hat. Man hat sie dann sozusagen stehen gelassen, und man hat den Weg der Kontemplation, der Meditation nach dem Inneren genommen. Man ist vorgedrungen bis zum Gleichgewicht, bis zur Bewegung, bis zum Leben. Man lebt in diesem Leben, in diesem Gleichgewicht, in dieser Bewegung. Und ganz parallel laufend, ohne daß wir etwas anderes getan haben, als daß wir diesen kontemplativen, diesen meditativen Weg gegangen sind, ganz parallel laufend ist jetzt aus unserer Gedankenarbeit gegenüber der «Philosophie der Freiheit» etwas ganz anderes geworden, das heißt dasjenige, was durch eine solche Philosophie der Freiheit im reinen Denken erlebt werden kann, das ist nun dadurch, daß wir auf einem ganz andern Gebiete innerlich seelisch gearbeitet haben, etwas ganz anderes geworden. Das ist voller geworden, inhaltschwerer geworden. Und während wir auf der einen Seite in unser Inneres gedrungen sind, die Imagination vertieft haben, haben wir dasjenige, was wir eigentlich erreicht haben durch die Gedankenarbeit in der «Philosophie der Freiheit», aus dem gewöhnlichen Bewußtsein herausgeholt. Wir haben aus Gedanken, die vorher mehr oder weniger abstrakt im reinen Denken geschwebt haben, inhaltsvolle Kräfte gemacht, die jetzt in unserem Bewußtsein leben, und es ist Inspiration geworden, was früher reiner Gedanke war. Wir haben die Imagination ausgebildet, und das reine Denken ist zur Inspiration geworden. Und indem wir auf diesem Wege fortschreiten, gelangen wir dazu, jetzt auseinanderhalten zu können – denn wir haben es auf zwei voneinander streng zu unterscheidenden Wegen gewonnen – dasjenige, was wir aus dem reinen Denken heraus bekommen als Inspiration, das Leben, das auf niederer Stufe ein Denken ist, dann ein zur Inspiration erhobenes Denken, und auf der andern Seite dasjenige, was wir erleben als Gleichgewichtszustand, als Bewegungszustand, Lebenszustand. Und wir können jetzt die beiden Erlebnisse, die beiden Erlebnisarten miteinander verbinden. Wir können das Äußere mit dem Inneren verbinden. Wir kommen wiederum durch die Verbindung von Inspiration und Imagination zur Intuition. Was haben wir da eigentlich vollzogen? Nun, das will ich Ihnen noch von einer andern Seite her charakterisieren. Da muß ich aber zunächst darauf aufmerksam machen, wie der Orientale weiter aufsteigt, nachdem er sich mantrisch gebildet hat, nachdem er in der Sprache, in dem Worte gelebt hat, dann dazu übergeht, nicht nur in dem Rhythmus des Sprachlichen zu leben, sondern dazu übergeht, in einer gewissen Weise bewußt den Atmungsprozeß zu erleben, ja den Atmungsprozeß in einer gewissen Weise künstlich zu erleben, indem er ihn variiert in der verschiedensten Weise. Das ist für ihn eine nächsthöhere Stufe – wiederum nicht anwendbar unmittelbar auf unser Abendland. Was erlangt denn der orientalische Jogaschüler, indem er sich dem bewußten und regulierten, vermannigfaltigten Atmen hingibt? Oh, er erlebt dann im Einatmen etwas sehr Merkwürdiges. Er erlebt im Einatmen dasjenige, was in der Luft ist, wenn wir sie nicht bloß physisch auffassen, sondern wenn wir sie mit uns verbinden und dadurch sie geistig auffassen können. Im Einatmen erlebt der Mensch, der zu einem wirklichen Jogaschüler wird, dasjenige, was ihn durchorganisiert, geistig durchorganisiert, was seine Aufgabe nicht erschöpft hat in diesem Leben bis zum Tode, sondern was, durch die Geistigkeit der äußeren Luft in uns hereinkommend, in uns etwas erzeugt, das durch die Pforte des Todes durchgeht. Bewußt den Einatmungsprozeß erleben, heißt, dasjenige in sich erleben, was ein Dauerndes ist, wenn der Leib abgelegt wird. Denn bewußt den Atmungsprozeß erleben, das heißt, die Reaktion des Inneren auf die Einatmung erleben, das heißt, dasjenige erleben, was in unserem geistig-seelischen Dasein vorangegangen ist unserer Geburt, oder sagen wir unserer Empfängnis, was mitgearbeitet hat schon an unserer embryonalen Gestaltung, was dann weiter gearbeitet hat in unserer Kindheit innerhalb unserer Organisation. Bewußt den Atmungsprozeß erfassen, das heißt, sich erfassen jenseits von Geburt und Tod. Das Vorrücken von dem Erleben des Spruches, des Wortes zum Erleben des Atmungsprozesses hieß, weiter sich hineinleben in das inspirierte Erfassen des Ewigen im Menschen. Wir Abendländer müssen gewissermaßen dasselbe in einer andern Sphäre erleben.

Was ist denn eigentlich der Wahrnehmungsprozeß? Der Wahrnehmungsprozeß ist nämlich nichts anderes als ein modifizierter Einatmungsprozeß. Indem wir die Luft einatmen, drückt diese Luft auf unser Zwerchfell, auf unsere ganze Organisation. Es wird das Gehirnwasser durch den Rückenmarkskanal nach aufwärts nach dem Gehirn gedrängt. Dadurch wird eine Verbindung hergestellt zwischen der Gehirntätigkeit und dem Einatmen. Und dasjenige, was sich vom Einatmungsprozeß auf diese Weise im Gehirn spezialisiert, das wirkt in der Sinnestätigkeit als Wahrnehmen. So daß, ich möchte sagen, ein Ast des Einatmens das Wahrnehmen ist. Dann wiederum beim Ausatmen: Das Gehirnwasser geht hinunter, es drückt auf den Blutkreislauf. Es ist das Hinuntersteigen des Gehirnwassers verbunden mit der Willenstätigkeit, und das wiederum verbunden mit dem Ausatmen. Aber derjenige, der die «Philosophie der Freiheit» wirklich studiert, wird finden, daß in jenem Denken, das wir als das reine Denken erreichen, Wille und Denken zusammenfallen. Das reine Denken ist im Grunde eine Willensäußerung. Daher wird dasjenige, was Denken ist, was reines Denken ist, nun verwandt mit dem, was der Orientale erlebte im Ausatmungsprozeß. Es ist verwandt das reine Denken mit dem Ausatmungsprozeß, so wie das Wahrnehmen verwandt ist mit dem Einatmungsprozeß. Wir müssen gewissermaßen mehr zurückgeschoben nach dem Inneren des Menschen denselben Prozeß durchmachen, den der Orientale durchmacht mit seiner Jogaphilosophie. Diese Jogaphilosophie geht auf ein reguliertes Einatmen, Ausatmen, und ergreift so das Ewige im Menschen. Der Abendländer, was kann er tun? Er kann klar für sich seelisch zum Erlebnis machen auf der einen Seite die Wahrnehmung, auf der andern Seite das Denken. Und er kann dasjenige, was sonst abstrakt und formhaft nur in Ruhe verbunden wird, Wahrnehmen und Denken, in innerem Erleben verbinden, so daß er innerlich geistig-seelisch erlebt, was man physisch erlebt bei Einatmen, Ausatmen. Physisch erlebt man Einatmung, Ausatmung; in ihrem Zusammenklang erlebt man bewußt das Ewige. Im gewöhnlichen Erleben erlebt man die Wahrnehmung, das Denken. Indem man beweglich macht sein seelisches Leben, erlebt man den Pendelschlag, den Rhythmus, das fortwährende Ineinandervibrieren von Wahrnehmen und Denken. Und wie sich eine höhere Wirklichkeit in Einatmung und Ausatmung für den Orientalen entwickelt, so entwickelt sich, indem der Okzidentale in sich den lebendigen Prozeß der modifizierten Einatmung im Wahrnehmen, der modifizierten Ausatmung im reinen Denken entwickelt, indem er Begriff, Denken und Wahrnehmung ineinanderwebt, gewissermaßen ein geistig-seelisches Atmen anstelle des physischen Atmens der Jogaphilosophie. Und er zwingt sich auch allmählich hinauf durch diesen rhythmischen Schlag, durch dieses rhythmische Eratmen in Wahrnehmung und Denken zu der wahren geistigen Wirklichkeit in Imagination und Inspiration und Intuition. Und als ich in meiner «Philosophie der Freiheit» eben zunächst nur philosophisch darauf hindeutete, daß sich die wahre Wirklichkeit ergibt aus dem Ineinanderschlagen von Wahrnehmung und Denken, sollte, weil eben gerade diese «Philosophie der Freiheit» als innere Seelenkultur gedacht war, hingewiesen werden auf dasjenige, was der Mensch als Abendländer üben muß, um in die Geisteswelt selber hineinzukommen. Der Orientale sagt: Systole, Diastole; Einatmung, Ausatmung. – Der Abendländer muß an die Stelle setzen: Wahrnehmung, Denken. Der Morgenländer sagt: Ausbilden des physischen Atmens –; der Abendländer sagt: Ausbilden des geistig-seelischen Atmens in dem Erkenntnisprozeß durch Wahrnehmen und Denken.

Das mußte gewissermaßen entgegengehalten werden demjenigen, was ja, ich möchte sagen, als die Sackgasse der abendländischen Geistesentwickelung erlebt werden konnte. Ich will Ihnen das auf folgende Weise charakterisieren. Es war im Jahre 1841, da veröffentlichte *Michelet*, der Berliner Philosoph, die nachgelassenen naturphilosophischen Werke *Hegels*. Hegel hatte zusammen mit *Schelling* am Ende des 18. Jahrhunderts an der Entstehung einer Naturphilosophie gearbeitet. Schelling als jugendlicher Feuergeist, er hatte in einer merkwürdigen Weise zunächst aus dem, was er intellektuelle Anschauung nannte, seine Naturphilosophie herauskonstruiert. Aber er kam an einen Punkt, da kam er nicht weiter. Er kam an den Punkt, wo er sich dann in die Mystiker vertiefte. Von seiner Vertiefung in die Mystik zeugen in so wunderbarer Weise seine Schrift «Bruno oder über das göttliche und natürliche Prinzip der Dinge» und seine schöne Schrift über die menschliche Freiheit oder den Ursprung des Bösen. Aber all das brachte es noch nicht weiter, und Schelling fing an zu schweigen, versprach nur immer, daß noch nachkommen sollte eine Philosophie, die erst die eigentlichen geheimen Kräfte, die sich in seiner früheren Naturphilosophie nur andeutend zeigten, enthüllen sollte. Und als die Hegelsche Naturphilosophie 1841 durch Michelet erschien, da war es so, daß Schelling dasjenige, was man von ihm erwartete, was er oftmals versprochen hatte, seine eigentliche Offenbarungsphilosophie, noch immer nicht der Welt mitgeteilt hatte. Er wurde nach Berlin berufen. Aber auch dasjenige, was er da darbieten konnte, es war nicht wirklicher Geist, der durchdringen sollte dasjenige, was er als Naturphilosophie begründet hatte. Er hatte gestrebt nach einer intellektuellen Anschauung. Das war aber auch so etwas, bei dem er stehenblieb, weil er nicht durch Imagination hineinkommen konnte in dasjenige Gebiet, von dem ich Ihnen heute gesprochen habe. Und so blieb er stecken. Und Hegel, der ein mehr rationalistischer Geist war, der nahm den Gedanken Schellings an, und, indem er reine Gedanken einführte über die Naturbeobachtung, führte er ihn weiter. Da entstand Hegels Naturphilosophie. Und so hatte man Schellings Versprechen einer Erzeugung der Natur aus dem Geiste heraus, das niemals erfüllt worden ist, und so hatte man Hegels Naturphilosophie, die verlassen wurde von der Naturforschung in der zweiten Hälfte des 19. Jahrhunderts – allerdings unverstanden, aber sie mußte unverstanden bleiben, weil man gegenüber der wirklichen Naturbeobachtung, gegenüber der Phänomenologie der Natur kein Verhältnis gewinnen konnte zu dem, was an Gedankeninhalt die Hegelsche Naturphilosophie bot. Es ist, ich möchte sagen, ein wunderbares Zusammentreffen, wie Schelling von München nach Berlin geht, wie man dort Großes erwartet von ihm, wie er aber doch nichts zu berichten weiß. Es ist eine Enttäuschung gewesen für alle diejenigen, die geglaubt haben, aus dem reinen Gedanken heraus Offenbarungen über die Natur durch die Hegelsche Naturphilosophie zu erhalten. So hatte sich, ich möchte sagen, historisch erwiesen dadurch, daß Schelling bis zu intellektuellen Anschauungen vorgeschritten war, aber nun nicht zur wirklichen Imagination kommen konnte, dadurch, daß Hegel auch gezeigt hat, daß man mit dem reinen Denken, wenn man nicht zur Imagination kommt, auch nicht bis zur Inspiration, also bis zu den Naturgeheimnissen kommt, es hatte sich erwiesen, daß man dadurch in der Entwickelung des Abendlandes in eine Sackgasse hineingekommen war. Man wußte noch nichts gegenüberzustellen demjenigen, was vom Oriente herüberkam und den Skeptizismus aufgerufen hatte, man wußte nichts entgegenzustellen, was geistig durchtränkt war. Und gerade derjenige, der sich so recht liebend vertieft hat in dasjenige, was Schelling und Hegel sind, der dasjenige dadurch hat sehen können, mit Liebe hat sehen können, was nicht hat werden können durch die Philosophie des Abendlandes, der mußte streben nach Anthroposophie, nach anthroposophisch orientierter Geisteswissenschaft für das Abendland, damit wir etwas haben, was so aus dem Geiste herausschöpft, wie der Morgenländer aus dem Geiste herausgeschöpft hat durch Systole und Diastole und ihr Zusammenwirken. Wir im Abendlande haben das geistig-seelische Ineinanderklingenlassen von Wahrnehmung und Denken, indem wir aufsteigen zu einer Wissenschaft, die nicht bloß eine abstrakte, sondern eine lebendige Wissenschaft ist, die aber auch dafür diejenige Wissenschaft ist, die uns im Elemente der Wahrheit leben läßt. Und nach allem Fehlschlagen des Kantianismus, des Schellingianismus, des Hegelianismus brauchten wir eine solche Philosophie, die durch die Entdeckung des Geistesweges zeigen konnte, wie Wahrheit und Wissenschaft in ihrem wirklichen Verhältnisse zueinander sind; eine solche vergeistigte Wissenschaft, in der wirklich Wahrheit zum Heile der menschlichen Fortentwickelung leben kann.

HINWEISE

Die vorliegenden Vorträge sind gehalten im Rahmen des ersten anthroposophischen Hochschulkurses, welcher, vom 27. September bis 16. Oktober 1920, mit der Fülle von gegen 100 Vorträgen und künstlerischen Veranstaltungen die Tätigkeit im Goetheanum eröffnete. Am Vorabend des Kurses fand eine «Eröffnungshandlung» statt, welche zum ersten Mal die Teilnehmer im Großen Kuppelsaal des Goetheanumbaues versammelte. In den Worten Rudolf Steiners aus der einleitenden Ansprache drückt sich das Besondere des Augenblickes aus: «Aus bewegter Stimmung heraus und mit ernster Seele spreche ich jetzt dieses erste der Worte, die in diesem Raum der Geisteswissenschaft gewidmet sein sollen. Ernst muß die Stimmung sein. Die Not der Zeit steht im Hintergrunde, und alles dasjenige, was uns aus negativem Geistesleben heraus in diese Not der Zeit hineingeführt hat. Aber vor meiner Seele steht heute auch alles dasjenige, was auch aus einer solchen Zeit heraus von verstehenden und für die Entwickelung der geistigen Menschheitszukunft begeisterten Seelen getan worden ist, damit dieser Bau, in dem wir jetzt den ersten Hochschulkursus für Geisteswissenschaft beginnen, wenigstens hat bis zu diesem Stadium geführt werden können. Dankbarst muß aus dem Geiste der hier gemeinten Wissenschaftsrichtung heraus gedacht werden jener schönen Gesinnung und ihrer Kraft, die da war bei all den materiellen und geistigen Helfern zu dem, was hier zustande kommen soll. Und vor allen Dingen möchte ich mich jetzt auch an diejenigen zahlreichen Freunde unserer Sache wenden, welche zu diesem Kursus hier erschienen sind. Diejenigen, die zu diesem Kursus hier erschienen sind, zeigen ja damit, daß sie wenigstens erwarten von dem, was hier getrieben wird, etwas, das die ernste Not unserer Zeit, das die besondere Artung unseres Geisteslebens in der Gegenwart fordert.»

Der Bau war noch nicht vollendet. Nicht seiner Eröffnung sollte die Feier gewidmet sein, doch aber dem Beginn der Tätigkeit im Bau, der dieser Tätigkeit die ihr gestaltete künstlerische Hülle zu geben bestimmt war.

Der umfassende Inhalt des Hochschulkurses selbst klingt auf in dem Vorblick, welchen die eröffnende Ansprache auf die kommenden Wochen wirft: «Ein anderes Zeichen der Zeit ist das doch schon, daß zu diesem Hineintragen unseres Geistes in alle einzelnen Wissenschaften 33 Persönlichkeiten sich zusammengefunden haben, die in unserem Kursus von den verschiedensten Gesichtspunkten aus Geisteswissenschaft treiben werden. 33 Dozenten werden dasjenige, was hier als geistiger Impuls gegeben werden soll – man darf sagen – in 17 verschiedene Zweige des menschlichen Wissens und Empfindens und Arbeitens hineintragen. Wir werden hören vortragen über Philosophie, Theologie, über Geschichte, über Sprachwissenschaft, über Physik und Mathematik, über Chemie und Medizin, über Indologie, über Jurisprudenz und Pädagogik. Wir werden hören dasjenige, was künstlerische Naturen über den geistigen Untergrund und die geistigen Kräfte ihrer Kunst zu sagen haben. Wir werden hören, was aus der Dichtung heraus der schöpferische Geist über seinen Zusammenhang mit dieser unserer Geisteswissenschaft zu sagen hat. Persönlichkeiten der Technik werden sprechen, und was besonders zu begrüßen ist als ein Erfreuliches, es werden Praktiker der Nationalökonomie, Praktiker des Geschäftslebens sprechen. Und es gehört zu den Fortschritten, die wir vor allen Dingen anstreben, daß das Leben als Einheit aufgefaßt wird, daß dasjenige, was in philosophische Höhen hinaufführt, eine Einheit bilde mit dem, was der Fabrikdirektor in seiner Fabrikpraxis bis in die Einzelheiten hinein im praktischen Leben zu verwerten hat. Daß Fabrikpraktiker innerhalb unseres Kursus sprechen werden, wir begrüßen es mit ganz besonderer Freude.»

Der Titel dieser Ausgabe wurde gegenüber demjenigen in der Gesamtausgabe, «Grenzen der Naturerkenntnis», erweitert.

Werke Rudolf Steiners innerhalb der Gesamtausgabe (GA) werden in den Hinweisen mit der Bibliographie-Nummer angegeben. Siehe auch die Übersicht am Schluß des Bandes.

zu Seite

10 *während noch Kant gesagt hat, es werde sich niemals ein Newton finden:* Siehe «Kritik der Urteilskraft» (Text Ausg. 1790) § 75: «Es ist nämlich ganz gewiß, daß wir die organisierten Wesen und deren innere Möglichkeit nach bloß mechanischen Prinzipien der Natur nicht einmal zureichend kennenlernen, viel weniger uns erklären können und zwar so gewiß, daß man dreist sagen kann, es ist für Menschen ungereimt, auch nur einen solchen Anschlag zu fassen, oder zu hoffen, daß noch etwa dereinst ein Newton aufstehen könne, der auch nur die Erzeugung eines Grashalms nach Naturgesetzen, die keine Absicht geordnet hat, begreiflich machen werde, sondern man muß diese Einsicht den Menschen schlechterdings absprechen». – Diesen Satz zitiert Haeckel in Kapitel 14 seiner «Welträtsel» und fügt bei: «Siebenzig Jahre später ist dieser unmögliche ‹Newton der organischen Natur› in Darwin wirklich erschienen und hat die große Aufgabe gelöst, die Kant für unlösbar erklärt hatte.»

12 *Emil Du Bois-Reymond,* 1818–1896. «Über die Grenzen des Naturerkennens», Leipzig 1872. – «Die sieben Welträtsel», Vortrag gehalten in der öffentl. Sitzung der königl. Akademie der Wissenschaften zu Berlin zur Feier des Leibnizischen Jahrestages am 8. Juli 1880, Leipzig 1882.

15 *nach dem Muster... der alten Penelope:* Penelope, Gemahlin des Odysseus. Von ihr erzählt Homer in der «Odyssee», wie sie sich der Freier, die sich durch das lange Ausbleiben des Odysseus eingestellt haben, dadurch erwehrt, daß sie vorgibt, sie müsse vorerst das Leichengewand für Odysseus' Vater weben. Sie löst aber des Nachts immer wieder auf, was sie tagsüber gewoben hat.

18 *David Hume,* 1711–1776, engl. Philosoph.

John Stuart Mill, 1806–1873, engl. Philosoph.

William James, 1842–1910, amerikanischer Philosoph und Psychologe, Begründer des Pragmatismus.

Johann Friedrich Herbart, 1776–1841, deutscher Philosoph, Psychologe und Pädagoge.

21 *Georg Wilhelm Friedrich Hegel,* 1770–1831.

21 *Eduard von Hartmann*, 1842–1906. In «Philosophische Fragen der Gegenwart», Leipzig und Berlin o. J. (1885), S. 3 heißt es: «Daß unsere Studenten gar nicht daran denken, in Hegels Werken zu lesen, darüber braucht man sich nicht zu wundern, wenn man bedenkt, daß, abgesehen von dem Philosophiehistoriker Kuno Fischer und dem Ästhetiker Carriere, die noch nicht Greisenhaften unter unsern Philosophieprofessoren selber wohl höchstens einen gelegentlichen Blick der Curiosität halber hineingeworfen haben und daß die jüngere Generation derselben* kaum noch die nötige philosophische Vorbildung besitzt, um Hegels Schriften, falls sie dieselben lesen wollte, zu verstehen.»
* Fußnote: «Nach dem Tode von Paul Asmus dürften Adolf Lasson und Joh. Volkelt die einzigen hegelisch gebildeten Dozenten sein.»

22 *Karl Rosenkranz*, 1805–1879.

23 *Karl Marx*, 1818–1883.

24 *Max Stirner* (Pseudonym für Caspar Schmidt), 1806–1856. Siehe «Der Einzige und sein Eigentum», Leipzig 1845.

28 *Im Spektrum erscheint mir Gelb:* Vgl. «Entwurf einer Farbenlehre» § 145–177, Band III in «Goethes Naturwissenschaftliche Schriften». Die kommentierte Herausgabe durch Rudolf Steiner erschien 1884–1897 in Kürschners «Deutsche National-Litteratur» in 5 Bänden, der Nachdruck in der Gesamtausgabe Dornach 1975, GA 1a–e; und die Ausführungen Rudolf Steiners in «Goethes Weltanschauung» (1897) GA 6, 1963, S. 163f.

29 *John Locke*, 1632–1704, Begründer des erkenntnistheoretischen Empirismus.

30 *Wilhelm Koppelmann*, 1860–1934. «Weltanschauungsfragen. Grundlinien einer Lebensphilosophie», Berlin 1920, Kap. I, Abschn. II.

31 *durch die wir uns verbinden mit:* Die Nachschrift hat «drinnenstehen» statt «uns verbinden».

34 *Begriff des Bewegungsparallelogramms und ... des Kräfteparallelogramms:* Vgl. dazu auch die Ausführungen Rudolf Steiners in «Geisteswissenschaftliche Impulse zur Entwickelung der Physik» (Erster Naturwissenschaftl. Kurs), zehn Vorträge, Stuttgart 23. Dezember 1919 bis 3. Januar 1920, GA 320, 1964, S. 32f.

38 *wenn ich diesen Ausdruck Platos gebrauchen darf:* Mit dem platonischen Ausdruck von der Mathematik, die lebensvoll tätig ist, ist wohl das Wort gemeint: «Gott geometrisiert fortwährend». Es ist durch die «Tischgespräche» des Plutarch überliefert, wo im 8. Gespräch, zu Ehren von Platos Geburtstag, von den Teilnehmenden die Frage erörtert wird, «in welchem Sinne Plato sagte, daß Gott fortwährend geometrisiert?» Plutarch fügt hinzu, daß dieses Wort sich zwar in keiner der Schriften Platos finde, aber dennoch sehr echt klinge und ganz aus seinem Geiste sei.

42 *Novalis,* Friedrich von Hardenberg, 1772–1801. Zitat nicht wörtlich; siehe «Mathematische Fragmente», IV. Bd. der ges. Werke, hg. von Carl Seelig, Zürich 1946, insbesondere die Fragmente der letzten Jahre (1799–1800).

45 *Goethe hat seine Beziehung zur Mathematik in sehr interessanten Abhandlungen... behandelt:* Siehe «Entwurf einer Farbenlehre / Verhältnis zur Mathematik», § 722–729 in «Goethes Naturwissenschaftl. Schriften», siehe Hinweis zu S. 28, Bd. III); «Der Versuch als Vermittler von Objekt und Subjekt», «Über Mathematik und deren Mißbrauch» (Bd. II) und «Sprüche in Prosa. Abtl.: Mathematik» (Bd. IV/2).

Wir suchen die Urphänomene: Wörtlich: «Diese Bedächtigkeit, nur das Nächste ans Nächste zu reihen, oder vielmehr das Nächste aus dem Nächsten zu folgern, haben wir von den Mathematikern zu lernen, und selbst da, wo wir uns keiner Rechnung bedienen, müssen wir immer so zu Werke gehen, als wenn wir dem strengsten Geometer Rechenschaft zu geben schuldig wären». – «Der Versuch als Vermittler von Objekt und Subjekt», a.a.O. Bd. II, S. 19.

48 *ein in äußerer Naturwissenschaft gut gebildeter Mann beschreibt:* Die geschilderte Episode findet sich in «Das unterbewußte Ich und sein Verhältnis zu Gesundheit und Erziehung» von Dr. Louis Waldstein, übers. von G. Veraguth, Wiesbaden 1908, S. 34.

50 *Goethe schrieb es seinem guten Schicksal zu, daß er niemals über das Denken gedacht habe:* Zahme Xenien VII:

> «Wie hast du's denn so weit gebracht?
> Sie sagen, du habest es gut vollbracht!»
> Mein Kind! Ich hab es klug gemacht;
> Ich habe nie über das Denken gedacht.

51 *Ich mußte etwa sagen von diesem Denken:* Siehe die Vorrede zum zweiten Band von «Goethes Naturwissenschaftlichen Schriften», 1887, siehe Hinweis zu S. 28, wo es auf S. IV heißt: «Indem sich das Denken der Idee bemächtigt, verschmilzt es mit dem Urgrunde des Weltdaseins; das, was außen wirkt, tritt in den Geist des Menschen ein: er wird mit der objektiven Wirklichkeit auf ihrer höchsten Potenz *eins. Das Gewahrwerden der Idee in der Wirklichkeit ist die wahre Kommunion des Menschen.»*

52 *Eduard von Hartmann:* Siehe Hinweis zu S. 21.

54 *moralische Phantasie:* Siehe das XII. Kapitel in «Die Philosophie der Freiheit», GA 4.

59 *Max Stirner:* Siehe Hinweis zu S. 24.

John Stuart Mill: Siehe Hinweise zu S. 18.

Herbert Spencer, 1820–1903, englischer Philosoph.

66 ff. *Es wird ... seit einer gewissen Zeit eine merkwürdige Krankheit beschrieben:* Für die im Folgenden behandelten pathologischen Zustände benutzte Rudolf Steiner die Darstellungen des franz. Arztes *A. Cullerre* «Die Grenzen des Irreseins», ins Deutsche übersetzt von Otto Dornblüth, Hamburg 1890.

69 *Friedrich Husemann,* 1887–1959, Facharzt für Psychiatrie. Während des Hochschulkurses sprach Dr. Husemann in drei Vorträgen vom 27.–29. September über «Psychiatrische Fragen vom Gesichtspunkte der Anthroposophie», die im Band I/II der Goetheanum-Bücherei «Aenigmatisches aus Kunst und Wissenschaft. Anthroposophische Hochschulkurse», Stuttgart 1922 erschienen sind.

69 f. *Friedrich Nietzsche,* 1844–1900. «Die Geburt der Tragödie aus dem Geiste der Musik», 1872; «Menschliches, Allzumenschliches. Ein Buch für freie Geister», 1878.

69 *Ulrich von Wilamowitz-Moellendorff,* 1848–1931, Altphilologe. Schrieb «Zukunftsphilologie. Eine Erwiderung auf Friedrich Nietzsches ‹Geburt der Tragödie›», Berlin 1872.

70 *Erwin Rohde,* 1845–1898, Altphilologe. Schrieb als Erwiderung: «Afterphilologie. – Zur Beleuchtung des von dem Dr. phil. Ulrich von Wilamowitz-Moellendorf herausgegebenen Pamphlets: ‹Zukunftsphilologie!› Sendschreiben eines Philologen an Richard Wagner», Leipzig 1872.

40 *Auguste Comte,* 1798–1857, franz. Philosoph, Mitbegründer des Positivismus.

Eugen Dühring, 1833–1921, Philosoph und Soziologe.

71 *in meinen Auseinandersetzungen mit Haeckel können Sie das genau verfolgen:* Im Kapitel «Darwinismus und Weltanschauung» in «Die Rätsel der Philosphie» (1914) GA 18. Siehe auch «Haeckel und seine Gegner», 1900; wieder abgedruckt in «Methodische Grundlagen der Anthroposophie. 1884–1901», GA 30.

den ... der behandelnde Arzt einmal als einen atypischen Fall der Paralyse bezeichnete: Es ließ sich nicht genau ermitteln, von wem die Diagnose gestellt wurde. Daß sie bestand, bezeugt auch Elisabeth Förster-Nietzsche in «Das Leben Friedrich Nietzsche's» Bd. II, 2 (1904), S. 922: «Die Ärzte nannten seine Krankheit ‹eine atypische Form der Paralyse› d. h. eine Paralyse, die durchaus nicht die Kennzeichen dieser Krankheit trug ...» Indirekt ergibt sich das Bestehen dieser Diagnose auch aus den Ausführungen E. F. Podachs über die Krankheit Nietzsches: «Die progressive Paralyse, diagnostiziert von L. Wille (Basel) und O. Binswanger (Jena), hat Möbius keinen Moment angezweifelt. Er vermied es sogar, von einer (wegen der langen Krankheitsdauer) ‹atypischen Paralyse› bei Nietzsche zu sprechen.» (E. F. Podach, «Die Krankheit Nietzsches», Deutsches Ärzteblatt Nrn. 1 und 2 vom 4. und 11. 1. 1964.)

72 *das Phänomen Nietzsche... stand mir... vor Augen:* Vgl. dazu auch «Mein Lebensgang» (1923–25), Kap. XVIII, GA 28, 1962, S. 252f.

73 *Goethe sagt: Die Natur hat kein Geheimnis:* In den Annalen zu 1790 heißt es: «Als ich auf den Dünen des Lido, welche die venetianischen Lagunen von dem adriatischen Meere sondern, mich oftmals erging, fand ich einen so glücklich geborstenen Schafschädel, der mir nicht allein jene große, früher von mir erkannte Wahrheit, die sämtlichen Schädelknochen seien aus verwandelten Wirbelknochen entstanden, abermals bestätigte, sondern auch den Übergang innerlich ungeformter, organischer Massen durch Aufschluß nach außen zu fortschreitender Veredelung höchster Bildung und Entwicklung in die vorzüglichsten Sinneswerkzeuge vor Augen stellte und zugleich meinen alten, durch Erfahrung bestärkten Glauben wieder auffrischte, welcher sich fest darauf begründet, daß die Natur kein Geheimnis habe, was sie nicht irgendwo dem aufmerksamen Beobachter nackt vor die Augen stellt». Siehe Hinweis zu S. 28 «Goethes Naturwissenschaftl. Schriften» Bd. I, S. 316.

73 *Carl Westphal,* 1833–1890, deutscher Psychiater. Von ihm wird im Jahre 1872 («Archiv für Psychiatrie») die Agoraphobie beschrieben. Agoraphobie: Angst vor offenen Plätzen.

Jean Pierre Falret, 1794–1870, franz. Arzt.

Klaustrophobie: Angst in geschlossenen Räumen, beschrieben durch Professor *Ball,* Paris, «De la Claustrophobie», Ann. méd.-psychol., 1879.

Astrophobie: Gewitterfurcht, beschrieben durch *Beard,* «Chicago Journal of nervous and mental Diseases», 1874. Vgl. für diese Krankheitsformen den zweiten Abschnitt, S. 32ff. des oben bereits erwähnten Werkes von *A. Cullerre.*

79 *werde... bei einer anderen Gelegenheit:* Im 7. und 8. Vortrag dieses Bandes, welche nicht im Rahmen des Hochschulkurses angekündigt waren, sondern außerhalb der Kurszeit angefügt wurden.

81 *Ein Fall, der in der medizinischen Literatur beschrieben ist:* «Herr Albert G., 27 Jahre alt, Infanterieleutnant, geistig hoch begabt, hat viel gelesen und ist ein angenehmer Erzähler. Er hat einige Neigung für Litteratur, Poesie und Musik, nennt sich Alterthumsforscher. Er ist außerordentlich mäßig und wurde 1870, mit zwanzig Jahren, für eine tapfere That mit einem Orden geschmückt. Seine Gesundheit ist stets ausgezeichnet gewesen, doch hat er ungefähr mit dreizehn Jahren drei Monate an Veitstanz gelitten. Sein Vater ist an Schlagfluß gestorben, seine Mutter hat einigemal Krämpfe gehabt und eine seiner deutschen Cousinen ist während eines Vierteljahres in einer Irrenanstalt behandelt worden.

Im Jahre 1872, während er in einer großen Stadt in Garnison war, geht er eines Morgens in Civilkleidung über einen ganz öden öffentlichen Platz und

bekommt Angst. Er sieht sich ringsum, bemerkt Niemand, fühlt wie er ein wenig schwach wird und fragt sich, ob er nicht wieder umkehren soll. Er zögert, kann seine Erregung kaum bemeistern, unterscheidet genau die Gegenstände, zittert aber und kommt nicht vorwärts. Dann in eine enge Straße gelangt, ist er ganz wohl, empfindet nichts mehr und beachtet das Vorgefallene nicht mehr.
Einige Tage darauf überschreitet er denselben Platz zur gleichen Stunde in Uniform, den Säbel an der Seite, empfindet nichts Besonderes und legt noch zu wiederholten Malen am Tage oder am Abend ohne das geringste Unbehagen in Civil und zu Pferde denselben Weg zurück.
Eines schönen Tages geht er zu einem Freunde, der in einem dritten Stock wohnt, und erwartet ihn rauchend auf seinem Balkon. Er wirft die Augen auf die ihn umgebende Leere, wird verwirrt, bleich, roth, fröstelt, verläßt den Balkon, kehrt in das Zimmer zurück, setzt sich mit dem Rücken gegen die Balkonthür und beruhigt sich allmählich, verliert die Geduld, geht trällernd die Treppe hinab, geht vergnügt zwanzig Minuten weit, kommt in sein gewöhnliches Speisehaus, findet seine Kameraden vor und ißt mit bestem Appetit zu Mittag.
Eines Morgens nimmt er an großen Manövern theil und erhält den Befehl, sich drei Kilometer weit nach einer Mühle zu begeben. Kaum ist dieser Offizier an seinem Bestimmungsorte angelangt und beginnt zu zeichnen, als er bei dem Anblick einer weiten Ebene erschrickt, zittert, ganz bleich und außer sich in die Wohnung Müllers geht, sich für unwohl infolge von Sonnenstich ausgiebt und um eine Tasse Milch bittet. Zehn Minuten später geht er hinaus, fragt einen Knaben über die Oertlichkeit aus und läßt ihn neben sich sitzen, während er zeichnet; dann belohnt er ihn und entfernt sich.
Mehrere Male besucht er in Civilkleidung zu Fuß denselben Platz und wird von derselben Angst erfaßt, während er in Uniform und den Säbel an der Seite den gleichen Weg ungestraft zurücklegen kann.» Zitiert aus dem oben genannten Werk von *A. Cullerre,* S. 35f.

83 *bei anderer Gelegenheit:* Siehe den Hinweis zu S. 79.

86 *Adolf Arenson,* 1855–1936. Hielt während des Hochschulkurses vier Vorträge über «Grundzüge geisteswissenschaftlicher Methodik» am 27., 28., 30. September und 1. Oktober, wovon der einleitende erste abgedruckt wurde in «Kultur und Erziehung», Stuttgart 1921.

als ich ... hier vor fast vierzig Ärzten ... vorgetragen habe: Siehe «Geisteswissenschaft und Medizin», zwanzig Vorträge, Dornach 21. März–9. April 1920, GA 312.

88 *für den Begriff des Kapitals, ... der Arbeit, ... der Ware:* Siehe hierfür auch die Ausführungen Rudolf Steiners in «Die Kernpunkte der sozialen Frage» (1919), GA 23.

93 *über diesen Punkt werde ich noch hier vor Ihnen sprechen:* Ein Verzeichnis von Ausführungen Rudolf Steiners über die Sinneslehre findet sich in den

Hinweisen zum Bande «Menschenwerden, Weltenseele und Weltengeist», zweiter Teil, GA 206, 1967, S. 203.

94 *Edmund Husserl,* 1859–1938, deutscher Philosoph; Begründer einer Phänomenologie eigener Richtung.

Max Scheler, 1874–1928. Siehe auch «Mein Lebensgang», (GA 28) Kap. XXXV, wo Steiner seine Begegnung mit Scheler schildert. – Scheler behandelte das Problem des fremden Ich zunächst im Anhang seiner Schrift «Zur Phänomenologie und Theorie der Sympathiegefühle und von Liebe und Haß», Halle a.d.S. 1913, und widmete ihm dann in der zu «Wesen und Formen der Sympathie» umbenannten zweiten Auflage (1923) ein Hauptkapitel.

100 *Goetheschen Metamorphosenlehre:* Vgl. «Die Metamorphose der Pflanze» und, für das Pathologische insbesondere, «Verfolg / Nacharbeiten und Sammlungen», S. 147ff. im ersten Bande von «Goethes Naturwissenschaftlichen Schriften,» siehe Hinweis zu S. 28.

diese Reden Buddhas mit ihren Wiederholungen: Vgl. «Die Reden Gotamo Buddhos», zum ersten Mal übersetzt von *Karl Eugen Neumann,* 3 Bde, München 1922.

101 *Wem die Natur ihr offenbares Geheimnis:* Aus «Sprüche in Prosa», 11. Abt.: Kunst, in «Goethes Naturwissenschaftl. Schriften» Bd. IV/2 (siehe Hinweis zu S. 28), S. 494. Wörtlich: «Wem die Natur ihr offenbares Geheimnis zu enthüllen anfängt, der empfindet eine unwiderstehliche Sehnsucht nach ihrer würdigsten Auslegerin, der Kunst.»

104 *«Die sinnlich-sittliche Wirkung der Farbe»:* Siehe Hinweis zu S. 28 «Goethes Naturwissenschaftl. Schriften», Band III.

106 *was ... die Lehre von den zwölf Sinnen ist:* Siehe den Hinweis zu Seite 93.

Fünf bis sechs Jahre lag der Anfang des Gedruckten ... in der Druckerei: Das Manuskript erschien unter dem Titel «Anthroposophie. Ein Fragment aus dem Jahre 1910». Durch neu aufgefundene Manuskriptteile erweitert, GA 45.

112 *als ein besonderes Kapitel einer deutschen Goethe-Biographie:* Der Goethe-Biographie von A. Bielschowsky, 2 Bde, München 1896–1904. Das Manuskript findet sich abgedruckt in «Beiträge zur Rudolf Steiner Gesamtausgabe» Nr. 46 (1974).

119 *Heilige Therese,* 1515–1582.

Mechthild von Magdeburg, um 1212–ca. 1280.

Meister Eckkhart, um 1620–1327.

Johannes Tauler, 1300–1361.

119 Über Eckhart und Tauler vgl. Rudolf Steiner «Die Mystik im Aufgange des neuzeitlichen Geisteslebens und ihr Verhältnis zur modernen Weltanschauung» (1901) GA 7.

125 *Carl Ludwig Michelet,* 1801–1893. Der von ihm herausgegebene Band «Vorlesungen über die Naturphilosophie» als der «Enzyklopädie der philosophischen Wissenschaften zweiter Teil», (Bd. VII, 1. Abt. der vollst. Ausg. der Hegelschen Werke), bringt den Text Hegels aus dessen eigener, einbändigen Ausgabe der «Enzyklopädie», zwischen welchen in Form von Zusätzen nachgelassene Vorlesungsmanuskripte aus den verschiedenen Epochen und Stellen aus Kollegnachschriften der Schüler Hegels hineingearbeitet sind. – Die Vorrede Michelets von 1841 widerspiegelt die Spannung und Ungewißheit, mit welcher der Hegelschüler dem Auftreten Schellings in Berlin entgegensieht.

Friedrich Wilhelm Joseph von Schelling, 1775–1854. Vgl. seine frühen Entwürfe zur Naturphilosophie: «Ideen zu einer Philosophie der Natur», 1797, «Von der Weltseele», 1798, «Erster Entwurf eines Systems der Naturphilosophie», 1799, «Einleitung zu dem Entwurf der Naturphilosophie», 1799. – «Bruno oder über das göttliche und natürliche Prinzip der Dinge», 1802.

schöne Schrift über die menschliche Freiheit oder den Ursprung des Bösen: «Philosophische Untersuchungen über das Wesen der menschlichen Freiheit und die damit zusammenhängenden Gegenstände», 1809.

126 *so hatte man Schellings Versprechen einer Erzeugung der Natur aus dem Geiste heraus, das niemals erfüllt worden ist:* Es dürfte sich um das Schicksal der Schrift «Die Weltalter» handeln, welche dazu bestimmt war, den tiefsten Erkenntnisgrund, zu welchem sich vor allem die «Untersuchungen über das Wesen der menschlichen Freiheit» hindurchgearbeitet hatten, des Genaueren auszuführen als die Geschichte Gottes vor der Welt, in der Welt und nach der Welt. Schelling begann die Arbeit daran bald nach den «Untersuchungen», 1811 waren 11 Bogen gedruckt, dann wurde das Erscheinen der Schrift in Briefen wiederholt in Aussicht gestellt, 1815 sogar im Messekatalog angezeigt, aber Schelling nahm, was schon gedruckt war, immer zurück. Allmählich wurde es um die «Weltalter» still. Sie erschienen erst aus dem Nachlaß als Fragment: nur ein Buch statt der versprochenen drei. – Das Wort «Erzeugung» des aufgeführten Satzes ist aus dem Stenogramm nur unsicher zu lesen.

LITERATURHINWEIS

(GA = Rudolf Steiner Gesamtausgabe/TB = Taschenbuchausgabe)

Zur Weiterführung und Vertiefung der Darstellungen des vorliegenden Bandes sei auf folgende Ausgaben von Rudolf Steiner verwiesen:

Schriften

Einleitung zu Goethes Naturwissenschaftlichen Schriften. Sämtliche Einleitungen zur Herausgabe in Kürschners «Deutsche National-Litteratur» (1884–1879), GA 1 (TB 6490)

Goethes Naturwissenschaftliche Schriften, in fünf Bänden mit den Einleitungen und Kommentaren von Rudolf Steiner. Nachdruck aus Kürschners «Deutsche National-Litteratur» 1884–1897. GA 1 a–e.

Grundlinien einer Erkenntnistheorie der Goetheschen Weltanschauung, mit besonderer Rücksicht auf Schiller (1886), GA 2 (TB 6290)

Wahrheit und Wissenschaft. Vorspiel einer «Philosophie der Freiheit» (1892), GA 3 (TB 6280)

Die Philosophie der Freiheit. Grundzüge einer modernen Weltanschauung. Seelische Beobachtungsresultate nach naturwissenschaftlicher Methode (1894), GA 4 (TB 6271)

Goethes Weltanschauung (1897), GA 6 (TB 6250)

Die Mystik im Aufgange des neuzeitlichen Geisteslebens und ihr Verhältnis zur modernen Weltanschauung (1901), GA 7 (TB 6230)

Theosophie. Einführung in übersinnliche Welterkenntnis und Menschenbestimmung (1904) GA 9 (TB 6150)

Die Geheimwissenschaft im Umriß (1910), GA 13 (TB 6011)

Die geistige Führung des Menschen und der Menschheit. Geisteswissenschaftliche Ergebnisse über die Menschheits-Entwickelung (1911), GA 15 (TB 6140)

Ein Weg zur Selbsterkenntnis des Menschen. In acht Meditationen (1912), GA 16 (TB 6021)

Die Rätsel der Philosophie in ihrer Geschichte als Umriß dargestellt (1914), GA 18 (TB 6105)

Vom Menschenrätsel. Ausgesprochenes und unausgesprochenes im Denken, Schauen, Sinnen einer Reihe deutscher und österreichischer Persönlichkeiten (1916), GA 20 (TB 6380)

Von Seelenrätseln (1917), GA 21 (TB 6370)

Anthroposophische Leitsätze. Der Erkenntnisweg der Anthroposophie. Das Michael-Mysterium (1924/25), GA 26

Mein Lebensgang (1923–25), GA 28 (TB 6360)

Philosophie und Anthroposophie. Gesammelte Aufsätze 1904–1918, GA 35.

Vorträge

Die Erkenntnis der Seele und des Geistes. 15 öffentliche Vorträge, Berlin und München 1907/08. GA 56.

Die Philosophie des Thomas von Aquino. 3 Vorträge, Dornach 1920. GA 74 (TB 6050)

Wege und Ziele des geistigen Menschen. Lebensfragen im Lichte der Geisteswissenschaft. 14 Vorträge in verschiedenen Städten 1910. GA 125.

Lebendiges Naturerkennen. Intellektueller Sündenfall und spirituelle Sündenerhebung. 12 Vorträge, Dornach 1923. GA 220.

Geisteswissenschaftliche Impulse zur Entwickelung der Physik I: Licht, Farbe, Ton-Masse, Elektrizität, Magnetismus. 10 Vorträge, Stuttgart 1919/20. GA 320.

Geisteswissenschaftliche Impulse zur Entwickelung der Physik II: Die Wärme auf der Grenze positiver und negativer Materialität. 14 Vorträge, Stuttgart 1920. GA 321.

Das Verhältnis der verschiedenen naturwissenschaftlichen Gebiete zur Astronomie. Astronomischer Kurs. 18 Vorträge, Stuttgart 1921. GA 323.

Naturbeobachtung, Mathematik, wissenschaftliches Experiment und Erkenntnisergebnisse vom Gesichtspunkte der Anthroposophie. 8 Vorträge, Stuttgart 1921. GA 324.

Der Entstehungsmoment der Naturwissenschaften in der Weltgeschichte. 9 Vorträge Dornach 1922. GA 326. (TB 6320)

Das Lebenswerk, welches Rudolf Steiner der Nachwelt hinterlassen hat, dürfte nach Gehalt und Umfang innerhalb der Kulturwelt wohl ohne Beispiel dastehen. Seine Schriften – die Werke und Aufsätze – bilden die Grundlage für das, was er im Laufe seines Lebens in Vorträgen und Kursen seinen Zuhörern als «anthroposophisch orientierte Geisteswissenschaft» von immer neuen Aspekten aus darstellte und ausführte. Der größte Teil dieser rund sechstausend Vorträge ist in Nachschriften erhalten geblieben. Daneben entfaltete er auch auf künstlerischem Gebiet eine große Tätigkeit, welche ihren Höhepunkt in der Errichtung des ersten Goetheanumbaues in Dornach fand. So liegen eine große Anzahl malerischer, plastischer und architektonischer Arbeiten, Entwürfe und Skizzen von seiner Hand vor. Die durch ihn gegebenen Anregungen für die Erneuerung zahlreicher Lebensgebiete beginnen in der gegenwärtigen Zeit vermehrte Beachtung zu finden.

Seit dem Jahre 1956 wird durch die «Rudolf Steiner-Nachlaßverwaltung» an der Herausgabe der *«Rudolf Steiner Gesamtausgabe»* gearbeitet, die einen Umfang von etwa 330 Bänden erhalten wird. In den beiden ersten Abteilungen erscheinen die *Schriften* und das *Vortragswerk*, während in einer dritten Abteilung das *künstlerische Werk* in geeigneter Form zur Wiedergabe gelangt.

Einen systematischen Überblick über das Gesamtwerk gibt der Band «Bibliographische Übersicht. Das literarische und künstlerische Werk von Rudolf Steiner», auf welchen sich die im folgenden verwendete Bezeichnung «Bibl.-Nr.» bezieht. Über den jeweiligen Stand der erschienenen Bände orientieren die Bücherverzeichnisse und der Gesamtkatalog des «Rudolf Steiner Verlages».

Chronologischer Lebensabriß
(zugleich Übersicht über die geschriebenen Werke)

1861 Am 27. Februar wird Rudolf Steiner in Kraljevec (damals Österreich-Ungarn, heute Jugoslawien) als Sohn eines Beamten der österreichischen Südbahn geboren. Seine Eltern stammen aus Niederösterreich. Er verlebt seine Kindheit und Jugend an verschiedenen Orten Österreichs.

1872 Besuch der Realschule in Wiener-Neustadt bis zum Abitur 1879.

1879	Studium an der Wiener Technischen Hochschule: Mathematik und Naturwissenschaft, zugleich Literatur, Philosophie und Geschichte. Grundlegendes Goethe-Studium.
1882	Erste schriftstellerische Tätigkeit.
1882–1897	Herausgabe von Goethes Naturwissenschaftlichen Schriften in Kürschners «Deutsche National-Litteratur», fünf Bände (Bibl.-Nr. 1 a–e). Eine selbständige Ausgabe der Einleitungen erschien 1925 unter dem Titel *Goethes Naturwissenschaftliche Schriften* (Bibl.-Nr. 1).
1884–1890	Privatlehrer bei einer Wiener Familie.
1886	Berufung zur Mitarbeit bei der Herausgabe der großen «Sophien-Ausgabe» von Goethes Werken. *Grundlinien einer Erkenntnistheorie der Goetheschen Weltanschauung mit besonderer Rücksicht auf Schiller* (Bibl.-Nr. 2).
1888	Herausgabe der «Deutschen Wochenschrift», Wien (Aufsätze daraus in Bibl.-Nr. 31). Vortrag im Wiener Goethe-Verein: *Goethe als Vater einer neuen Ästhetik* (in Bibl.-Nr. 30).
1890–1897	Weimar. Mitarbeit am Goethe- und Schiller-Archiv. Herausgeber von Goethes Naturwissenschaftlichen Schriften.
1891	Promotion zum Doktor der Philosophie an der Universität Rostock. 1892 erscheint die erweiterte Dissertation: *Wahrheit und Wissenschaft. Vorspiel einer «Philosophie der Freiheit»* (Bibl.-Nr. 3).
1894	*Die Philosophie der Freiheit. Grundzüge einer modernen Weltanschauung. Seelische Beobachtungsresultate nach naturwissenschaftlicher Methode* (Bibl.-Nr. 4).
1895	*Friedrich Nietzsche, ein Kämpfer gegen seine Zeit* (Bibl.-Nr. 5).
1897	*Goethes Weltanschauung* (Bibl.-Nr. 6) Übersiedlung nach Berlin. Herausgabe des «Magazin für Literatur» und der «Dramaturgischen Blätter» zusammen mit O. E. Hartleben (Aufsätze daraus in Bibl.-Nrn. 29 bis 32). Wirksamkeit in der «Freien literarischen Gesellschaft», der «Freien dramatischen Gesellschaft», im «Giordano Bruno-Bund», im Kreis der «Kommenden» u. a.
1899–1904	Lehrtätigkeit an der von W. Liebknecht gegründeten Berliner «Arbeiter-Bildungsschule».

1900/01	*Welt- und Lebensanschauungen im 19. Jahrhundert*, 1914 erweitert zu: *Die Rätsel der Philosophie* (Bibl.-Nr. 18). Beginn der anthroposophischen Vortragstätigkeit auf Einladung der Theosophischen Gesellschaft in Berlin. *Die Mystik im Aufgange des neuzeitlichen Geisteslebens* (Bibl.-Nr. 7).
1902–1912	Aufbau der Anthroposophie. Regelmäßige öffentliche Vortragstätigkeit in Berlin und ausgedehnte Vortragsreisen in ganz Europa. Marie von Sivers (ab 1914 Marie Steiner) wird seine ständige Mitarbeiterin.
1902	*Das Christentum als mystische Tatsache und die Mysterien des Altertums* (Bibl.-Nr. 8).
1903	Begründung und Herausgabe der Zeitschrift «Luzifer», später *«Lucifer-Gnosis»* (Aufsätze in Bibl.-Nr. 34).
1904	*Theosophie. Einführung in übersinnliche Welterkenntnis und Menschenbestimmung* (Bibl.-Nr. 9).
1904/05	*Wie erlangt man Erkenntnisse der höheren Welten?* (Bibl.-Nr. 10). *Aus der Akasha-Chronik* (Bibl.-Nr. 11). *Die Stufen der höheren Erkenntnis* (Bibl.-Nr. 12).
1910	*Die Geheimwissenschaft im Umriß* (Bibl.-Nr. 13).
1910–1913	In München werden die *Vier Mysteriendramen* (Bibl.-Nr. 14) uraufgeführt.
1911	*Die geistige Führung des Menschen und der Menschheit* (Bibl.-Nr. 15).
1912	*Anthroposophischer Seelenkalender. Wochensprüche* (in Bibl.-Nr. 40, und selbständige Ausgaben). *Ein Weg zur Selbsterkenntnis des Menschen* (Bibl.-Nr. 16).
1913	Trennung von der Theosophischen und Begründung der Anthroposophischen Gesellschaft. *Die Schwelle der geistigen Welt* (Bibl.-Nr. 17).
1913–1923	Errichtung des in Holz als Doppelkuppelbau gestalteten ersten Goetheanum in Dornach/Schweiz.
1914–1923	Dornach und Berlin. In Vorträgen und Kursen in ganz Europa gibt Rudolf Steiner Anregungen für eine Erneuerung auf vielen Lebensgebieten: Kunst, Pädagogik, Naturwissenschaften, soziales Leben, Medizin, Theologie. Weiterbildung der 1912 inaugurierten neuen Bewegungskunst «Eurythmie».

1914	*Die Rätsel der Philosophie in ihrer Geschichte als Umriß dargestellt* (Bibl.-Nr. 18).
1916–1918	*Vom Menschenrätsel* (Bibl.-Nr. 20). *Von Seelenrätseln* (Bibl.-Nr. 21). *Goethes Geistesart in ihrer Offenbarung durch seinen «Faust» und durch das «Märchen von der Schlange und der Lilie»* (Bibl.-Nr. 22).
1919	Rudolf Steiner vertritt den Gedanken einer «Dreigliederung des sozialen Organismus» in Aufsätzen und Vorträgen, vor allem im süddeutschen Raum. *Die Kernpunkte der sozialen Frage in den Lebensnotwendigkeiten der Gegenwart und Zukunft* (Bibl.-Nr. 23). *Aufsätze über die Dreigliederung des sozialen Organismus* (Bibl.-Nr. 24). Im Herbst wird in Stuttgart die «Freie Waldorfschule» begründet, die Rudolf Steiner bis zu seinem Tode leitet.
1920	Beginnend mit dem Ersten anthroposophischen Hochschulkurs finden im noch nicht vollendeten Goetheanum fortan regelmäßig künstlerische und Vortragsveranstaltungen statt.
1921	Begründung der Wochenschrift «Das Goetheanum» mit regelmäßigen Aufsätzen und Beiträgen Rudolf Steiners (in Bibl.-Nr. 36).
1922	*Kosmologie, Religion und Philosophie* (Bibl.-Nr. 25). In der Silvesternacht 1922/23 wird der Goetheanumbau durch Brand vernichtet. Für einen neuen in Beton konzipierten Bau kann Rudolf Steiner in der Folge nur noch ein erstes Außenmodell schaffen.
1923	Unausgesetzte Vortragstätigkeit, verbunden mit Reisen. Zu Weihnachten 1923 Neubegründung der «Anthroposophischen Gesellschaft» als «Allgemeine Anthroposophische Gesellschaft» unter der Leitung Rudolf Steiners.
1923–1925	Rudolf Steiner schreibt in wöchentlichen Folgen seine unvollendet gebliebene Selbstbiographie *Mein Lebensgang* (Bibl.-Nr. 28) sowie *Anthroposophische Leitsätze* (Bibl.-Nr. 26), und arbeitet mit Dr. Ita Wegman an dem Buch *Grundlegendes für eine Erweiterung der Heilkunst nach geisteswissenschaftlichen Erkenntnissen* (Bibl.-Nr. 27).
1924	Steigerung der Vortragstätigkeit. Daneben zahlreiche Fachkurse. Letzte Vortragsreise in Europa. Am 28. September letzte Ansprache zu den Mitgliedern. Beginn des Krankenlagers.
1925	Am 30. März stirbt Rudolf Steiner in Dornach.

RUDOLF STEINER GESAMTAUSGABE

Gliederung nach: Rudolf Steiner – Das literarische
und künstlerische Werk. Eine bibliographische Übersicht
(Bibliographie-Nrn. *kursiv* in Klammern)

A. SCHRIFTEN

I. Werke

Goethes Naturwissenschaftliche Schriften, eingeleitet und kommentiert von R. Steiner, 5 Bände, 1884 – 97, Neuausgabe 1975 *(1a-e)*; separate Ausgabe der Einleitungen, 1925 *(1)*

Grundlinien einer Erkenntnistheorie der Goetheschen Weltanschauung, 1886 *(2)*

Wahrheit und Wissenschaft. Vorspiel einer «Philosophie der Freiheit», (1892) *(3)*

Die Philosophie der Freiheit. Grundzüge einer modernen Weltanschauung, 1894 *(4)*

Friedrich Nietzsche, ein Kämpfer gegen seine Zeit, 1895 *(5)*

Goethes Weltanschauung, 1897 *(6)*

Die Mystik im Aufgange des neuzeitlichen Geisteslebens und ihr Verhältnis zur modernen Weltanschauung, 1901 *(7)*

Das Christentum als mystische Tatsache und die Mysterien des Altertums, 1902 *(8)*

Theosophie. Einführung in übersinnliche Welterkenntnis und Menschenbestimmung, 1904 *(9)*

Wie erlangt man Erkenntnisse der höheren Welten? 1904/05 *(10)*

Aus der Akasha-Chronik, 1904 – 08 *(11)*

Die Stufen der höheren Erkenntnis, 1905 – 08 *(12)*

Die Geheimwissenschaft im Umriß, 1910 *(13)*

Vier Mysteriendramen: Die Pforte der Einweihung – Die Prüfung der Seele – Der Hüter der Schwelle – Der Seelen Erwachen, 1910 – 13 *(14)*

Die geistige Führung des Menschen und der Menschheit, 1911 *(15)*

Anthroposophischer Seelenkalender, 1912 *(in 40)*

Ein Weg zur Selbsterkenntnis des Menschen, 1912 *(16)*

Die Schwelle der geistigen Welt, 1913 *(17)*

Die Rätsel der Philosophie in ihrer Geschichte als Umriß dargestellt, 1914 *(18)*

Vom Menschenrätsel, 1916 *(20)*

Von Seelenrätseln, 1917 *(21)*

Goethes Geistesart in ihrer Offenbarung durch seinen Faust und durch das Märchen von der Schlange und der Lilie, 1918 *(22)*

Die Kernpunkte der sozialen Frage in den Lebensnotwendigkeiten der Gegenwart und Zukunft, 1919 *(23)*

Aufsätze über die Dreigliederung des sozialen Organismus und zur Zeitlage 1915 – 1921 *(24)*

Kosmologie, Religion und Philosophie, 1922 *(25)*

Anthroposophische Leitsätze, 1924/25 *(26)*

Grundlegendes für eine Erweiterung der Heilkunst nach geisteswissenschaftlichen Erkenntnissen, 1925. Von Dr. R. Steiner und Dr. I. Wegman *(27)*

Mein Lebensgang, 1923 – 25 *(28)*

II. Gesammelte Aufsätze

Aufsätze zur Dramaturgie 1889–1901 *(29)* – Methodische Grundlagen der Anthroposophie 1884–1901 *(30)* – Aufsätze zur Kultur- und Zeitgeschichte 1887–1901 *(31)* – Aufsätze zur Literatur 1886–1902 *(32)* – Biographien und biographische Skizzen 1894–1905 *(33)* – Aufsätze aus «Lucifer-Gnosis» 1903–1908 *(34)* – Philosophie und Anthroposophie 1904–1918 *(35)* – Aufsätze aus «Das Goetheanum» 1921–1925 *(36)*

III. Veröffentlichungen aus dem Nachlaß

Briefe – Wahrspruchworte – Bühnenbearbeitungen – Entwürfe zu den vier Mysteriendramen 1910–1913 – Anthroposophie. Ein Fragment aus dem Jahre 1910 – Gesammelte Skizzen und Fragmente – Aus Notizbüchern und -blättern – *(38-47)*

B. DAS VORTRAGSWERK

I. Öffentliche Vorträge

Die Berliner öffentlichen Vortragsreihen, 1903/04 bis 1917/18 *(51-67)* – Öffentliche Vorträge, Vortragsreihen und Hochschulkurse an anderen Orten Europas 1906–1924 *(68-84)*

II. Vorträge vor Mitgliedern der Anthroposophischen Gesellschaft

Vorträge und Vortragszyklen allgemein-anthroposophischen Inhalts – Christologie und Evangelien-Betrachtungen – Geisteswissenschaftliche Menschenkunde – Kosmische und menschliche Geschichte – Die geistigen Hintergründe der sozialen Frage – Der Mensch in seinem Zusammenhang mit dem Kosmos – Karma-Betrachtungen – *(91-244)*
Vorträge und Schriften zur Geschichte der anthroposophischen Bewegung und der Anthroposophischen Gesellschaft *(251-263)*

III. Vorträge und Kurse zu einzelnen Lebensgebieten

Vorträge über Kunst: Allgemein-Künstlerisches – Eurythmie – Sprachgestaltung und Dramatische Kunst – Musik – Bildende Künste – Kunstgeschichte *(271-292)* – Vorträge über Erziehung *(293-311)* – Vorträge über Medizin *(312-319)* – Vorträge über Naturwissenschaft *(320-327)* – Vorträge über das soziale Leben und die Dreigliederung des sozialen Organismus *(328-341)* – Vorträge für die Arbeiter am Goetheanumbau *(347-354)*

C. DAS KÜNSTLERISCHE WERK

Originalgetreue Wiedergaben von malerischen und graphischen Entwürfen und Skizzen Rudolf Steiners in Kunstmappen oder als Einzelblätter: Entwürfe für die Malerei des Ersten Goetheanum – Schulungsskizzen für Maler – Programmbilder für Eurythmie-Aufführungen – Eurythmieformen – Entwürfe zu den Eurythmiefiguren, u. a.

Die Bände der Rudolf Steiner Gesamtausgabe
sind innerhalb einzelner Gruppen einheitlich ausgestattet.
Jeder Band ist einzeln erhältlich.